핵심문법, 30일 학습 프로젝트!!

超단기 30일 완성 일본어문법

장대봉 저

시사일본어사

Perface 머리말

당신도 이제 문법 박사가 될 수 있다!

학습자들 중에는 일본어라는 외국어를 가볍게 생각하는 경향이 많은 것 같습니다. 그것은 우리말과 어법이 비슷하고 한자로 된 어휘가 많아 언어간의 이질성보다는 동질성이 훨씬 높기 때문입니다. 그래서인지 문법을 무시하고 회화부터 무리하게 시작하는 사람이 적지 않습니다. 또 어떤 사람은 "문법을 몰라도 회화는 된다"거나 "일본어는 한자가 많아서 대충 이해가 된다"는 등 사실과는 다른 이야기를 합니다.

그러나 그동안 일본어 학습에 실패한 사람들처럼 일본어를 조금만 접해 보면 그것이 잘못된 인식이라는 것을 금방 깨닫게 될 것입니다.

"왜 문법이 필요합니까?" "왜 안 하십니까?"

이 질문에 대해 제대로 답해 드리겠습니다. 많은 사람들이 일본어를 시작하지만 중간에 포기하거나 회화를 해 보지도 못하고 좌절하곤 합니다. 무엇이 문제일까요? 해답은 바로 문법입니다. 즉, 문법을 모르는 데서 온 응용력의 결핍이라는 결론에 도달한 것입니다.

일본어 문법은 영어에 비해 아주 간단합니다. 그래서 기본영어니 종합영어니 하는 식의 구분이 없습니다.

일본어 문법하면 형용사, 형용동사, 동사 + 조동사 그리고 부사, 조사, 기능어 등을 떠올리게 됩니다. 특히 중요한 것이 동사와 조동사(36개) 활용입니다. 따라서 본 교재에서는 이 두 파트에서 절대로 실패하는 일이 없도록 다음과 같은 내용을 중심으로 필자의 강의 노하우를 쏟아 부었습니다.

저자 강의 포인트

1. 일본어를 처음 시작한 사람이 문법을 쉽게 익힐 수 있도록 했습니다.
2. 하나의 공식으로 열 가지를 터득할 수 있는 문법비법을 공개했습니다.
3. 문법이 약해 각종 시험에 취약한 분들을 위해 다양한 프로젝트가 소개됩니다.
4. 말하기 연습 등 실전 회화에도 만전을 기했습니다.

'10년 공부보다 3년 선생을 만나라!' 라는 말이 있습니다.

17년 동안의 강의 노하우 중 핵심만 추려 완성한 초스피드 30일 완성 10단계 문법학습 프로젝트입니다. 본 교재로 공부하시는 여러분 모두를 일본어 학습에 성공할 수 있는 길로 이끌어 드릴 것을 약속합니다.

여러분의 만족스런 학습 성취가 있기를 기원합니다.

장태봉

Contents 목차

1단계 : 일본어 50음도 연습   7

(1) ひらがな 익히기
(2) カタカナ 연습(외래어 표기)
    ✽실력 키우기 문제   19

2단계 : 기초문형   21

❶ ～は ～です ~은/는 ~입니다
❷ ～に ～が あります ~에 ~이/가 있습니다〈무생물〉
❸ ～に ～が います ~에 ~이/가 있습니다〈생물〉
❹ 挨拶と自分の紹介 인사와 자기 소개
    ✽실력 키우기 문제   28

3단계 : 숫자 읽기   29

❶ ～は 何時何分から 何時何分までですか ~은/는 몇 시 몇 분부터 몇 시 몇 분까지입니까?
❷ ～は 何曜日ですか ~은/는 무슨 요일입니까?
❸ ～は 何番ですか ~은/는 몇 번입니까?
❹ ～は 何月何日ですか ~은/는 몇 월 며칠입니까?
    ✽실력 키우기 문제   37

4단계 : 형용사(い형용사)   39

(1) 기본 형용사 익히기   (2) 기본문형
❶ ～く なりました ~해졌습니다
❷ ～くも ～くも ありません ~지도 ~지도 않습니다
❸ ～くては いけません ~서는 안 됩니다
❹ ～は ～より ～く ありません ~은/는 ~보다 ~지 않습니다
❺ ～は 형용사 + かったり + かったりします ~은/는 ~(이)기도 하고 ~(이)기도 합니다
❻ て、형용사 + 명사 + です ~고 ~한 ~입니다
❼ ～かったです ~이었습니다
    ✽확인학습   49
    ✽실력 키우기 문제   51

5단계 : 형용동사(な형용사)   53

(1) 기본 형용동사 익히기
❶ ～な 人ですか ~한 사람입니까?
❸ ～に なりました ~이/가 되었습니다
❺ ～で、～な 人です ~이고 ~한 사람입니다
❻ 형용동사 + だったり + だったりします ~(이)기도 하고 ~(이)기도 합니다
❼ ～の中で ～が 一番好きですか ~중에서 ~을/를 가장 좋아합니까?

(2) 기본문형
❷ ～では ありません ~지 않습니다
❹ ～では ありませんでした ~지 않았습니다

✽확인학습   63
✽실력 키우기 문제   65

6단계 : 동사   67

(1) 기본 동사 익히기
❶ ～は ～ます ~은/는 ~입니다
❸ ～たり ～たりします ~하기도 하고 ~하기도 합니다
❹ ～によると ～そうです ~에 의하면 ~라고 합니다
❺ ～ながら ~하면서
❼ ～(さ)せる ~하게 하다
❾ ～て ください ~해 주세요
⓫ ～ても いいですか ~해도 좋습니까? / ～ては いけません ~해서는 안 됩니다
⓬ ～て くれる (남이 나에게) ~해 주다 / ～て あげる (내가 남에게) ~해 주다
⓭ ～に ～てもらう ~에게 ~해 받다
⓯ ～て いる ~하고 있다

(2) 기본문형
❷ ～たい/～たがる ~하고 싶다/ ~하고 싶어하다
❻ ～(よ)うと 思う ~하려고 생각하다
❽ ～に ～せられる ~에게 ~시킴을 당하다
❿ ～て みる ~해 보다
⓮ ～て しまう ~해 버리다
⓰ ～ない ~지 않다

✽확인학습   88
✽실력 키우기 문제   95

7단계 : 진행/상태/완료 표현   97

(1) 자동사와 타동사 단어 익히기
❶ ～が「자동사」て いる ~이/가 '자동사'하고 있다
❷ ～を「타동사」て いる ~을/를 '타동사'하고 있다
❸ ～が「타동사」て ある ~이/가 '타동사'해 있다
❹ 신체 등에 착용하는 것들

(2) 기본문형
❺ 완료 표현

✽확인학습   104
✽실력 키우기 문제   106

8단계 : 가정/추측 표현 ... 107

(1) 가정 표현 ... 108
❶ ~ば ~면
❷ ~と ~면
❸ ~なら ~면
❹ ~たら ~면

(2) 추측 표현 ... 114
❶ ~ようだ ~인 것 같다
❷ ~らしい ~인 것 같다
❸ ~みたいだ ~인 것 같다
❹ ~そうだ ~인 것 같다

✱ 실력 키우기 문제 ... 120

9단계 : 가능 표현 ... 123

(1) 가능 동사
(2) 기본문형
❶ 동사 원형 + ことができる ~할 수 있다
❷ ~が ~(ら)れる ~을/를 할 수 있다
❸ ~が 読める ~을/를 읽을 수 있다
❹ ~が できる ~을/를 할 수 있다

✱ 확인학습 ... 129
✱ 실력 키우기 문제 ... 131

10단계 : 존경 표현 ... 133

(1) 존경어와 겸양어
(2) 기본문형
❶ お ~になります ~하십니다
❷ お ~ください(ました) ~해 주세요 (~해 주셨습니다)
❸ ~(ら)れる ~하시다

✱ 확인학습 ... 139
✱ 실력 키우기 문제 〈종합편〉 ... 141

부록 ... 143

▶ 조사・부사・접속사 ... 144
▶ 예외 5단 동사 ... 154
▶ 기능어 정리 ... 156
▶ 속담 및 관용구와 조동사 활용・필수 동사 250개・문법 총정리・문형연습 ... 176

1 단계

일본어 50음도 연습

일본어 50음도에 대해 들어본 적이 있나요?
일본어 50음도는 일본어를 구성하고 있는 기본 소리이며, 글자가 50개라 하여 붙여진 이름입니다. 우선 50개의 글자 모양과 소리를 외워야겠지요.
일본어 50음도를 보다 쉽게 익힐 수 있도록 그림으로 암기하는 방법을 제시하였습니다.
자, 이제 일본어 정복을 위한 힘찬 첫걸음을 떼어 볼까요?

1 ひらがな 익히기

▶ 우선 **ひらがな**부터 완벽하게 암기하고 아래에 있는 **カタカナ**는 나중에 천천히 외우도록 합시다!

ひらがな (히라가나)

단\행	あ행	か행	さ행	た행	な행	は행	ま행	や행	ら행	わ행
あ단	あ 아	か 카	さ 사	た 타	な 나	は 하	ま 마	や 야	ら 라	わ 와
い단	い 이	き 키	し 시	ち 치	に 니	ひ 히	み 미	い 이	り 리	い 이
う단	う 우	く 쿠	す 스	つ 츠	ぬ 누	ふ 후	む 무	ゆ 유	る 루	う 우
え단	え 에	け 케	せ 세	て 테	ね 네	へ 헤	め 메	え 에	れ 레	え 에
お단	お 오	こ 코	そ 소	と 토	の 노	ほ 호	も 모	よ 요	ろ 로	を 오
										ん 응

カタカナ (가타카나)

단\행	ア행	カ행	サ행	タ행	ナ행	ハ행	マ행	ヤ행	ラ행	ワ행
ア단	ア 아	カ 카	サ 사	タ 타	ナ 나	ハ 하	マ 마	ヤ 야	ラ 라	ワ 와
イ단	イ 이	キ 키	シ 시	チ 치	ニ 니	ヒ 히	ミ 미	イ 이	リ 리	イ 이
ウ단	ウ 우	ク 쿠	ス 스	ツ 츠	ヌ 누	フ 후	ム 무	ユ 유	ル 루	ウ 우
エ단	エ 에	ケ 케	セ 세	テ 테	ネ 네	ヘ 헤	メ 메	エ 에	レ 레	エ 에
オ단	オ 오	コ 코	ソ 소	ト 토	ノ 노	ホ 호	モ 모	ヨ 요	ロ 로	ヲ 오
										ン 응

▶ 위의 표를 50음도라고 한다. 일본어를 구성하고 있는 기본 소리 값과 글자가 총 50개라 하여 붙여진 이름이다.
일본어의 문자에는 히라가나(ひらがな)와 가타카나(カタカナ)가 있는데, ひらがな는 한자와 함께 쓰이며 일본어 공부를 위해 꼭 외워야 한다. カタカナ는 외래어나 고유명사 그리고 의성어·의태어 또는 부분적으로 강조하기 위해 쓰이는데, 지금 당장 필요한 것은 아니므로 시간을 두고 서서히 읽는 연습을 해 두자.
우선 ひらがな부터 완벽하게 외우도록 하자. 하지만 「い・う・え」는 중복되어 있기 때문에 실제로 외워야 하는 문자는 총 45개 뿐이다.

그림으로 ひらがな 외우기

다음은 일본어의 기본 글자를 조금이라도 쉽게 익힐 수 있도록 하기 위해 고안된 암기법입니다.
경험상 이것을 활용해 글자를 익힌 사람은 이것을 보지 않고 익힌 사람보다 세 배에서 다섯 배 이상 빨리 글자를 암기했습니다.
자신감을 갖고 도전하세요! 필순도 참고 하시기 바랍니다.

し	し	낚시 "시"	の	の	사람이 늙으면 이렇게 구부러진다. 노인 "노"	
す	す	선반 위의 사과가 스르르 떨어질 "스"	は	は	오른쪽에 ㅎ 받침이 있다. "하"	
へ	へ	산 위에 "해"가 뜬다.	ほ	ほ	위에 ㅎ 받침이 있다. "호"	
め	め	물고기 하면 역시 메기 매운탕 "메"	ひ	ひ	웃는 얼굴 속에는 "ㅎ"자가 있다.	
み	み	1, 2, 3, 4로 아름답게 그림을 그려요. 미술 "미"	わ	わ	너무 많이 먹었더니. "와" 배불러.	
ゆ	ゆ	기름을 넣고 있다 호스 안에는 기름 "유(油)"가 있다.	さ	さ	사과에도 "사"자가 있네.	
む	む	자갈밭에 "무"를 심었더니 돌 사이로 쑥쑥 "무"가 자란다.	き	き	기타 "키"	
ぬ	ぬ	누드 "누"	つ	つ	젊은 나이에 벌써 허리가… 쯔- 쯔- "쯔"	
ふ	ふ	아들 재(子) 모양. 속 썩이는 아들이니 한숨만 나온다. "후우"	あ	あ	아-! 이것이 히라가나의 첫 번째 글자 "아"자로구나!	
お	お	특명! - 숨은 그림 찾기 글자 속에서 5자를 찾으세요! "5"	ち	ち	5자를 잘못 써서 꼴"찌" 했어요.	

を	を	특명! – 숨은 그림 찾기 글자 속에서 5자를 찾으세요! "5"	え	え	ㅈ 받침에 웬 "애"가?
よ	よ	앉아서 "요"미우리 신문을 읽고 있다	な	な	ㅏ가 2개 있다 ①두팔을 벌리고 "다" 내게 오라 "다" ②子가 있는 것은 아들인 "나"만 오라 "나"
て	て	한글 "데"자를 빨리 써 보자!	と	と	태종대 자살 바위에 또 사람이 서 있다 "또"
そ	そ	한글 "소"자를 빨리 써 보자!	け	け	칼로 쑥을 캐고 있는 모습 "캐"
こ	こ	한글 "고"자를 빨리 써 보자.	に	に	니크롬선을 생각하며 "니"
く	く	구두의 앞모양 구두 "구"	ろ	ろ	ろ를 ㄹ받침으로 생각 "로"
う	う	위의 점을 ㅇ으로 생각하면 "우"가 되네	る	る	안쪽에 루비를 품고 있는 모습 "루"
か	か	더할 "가"에서 만들어진 글자	ら	ら	ㄹ받침 연상하며 "라"
い	い	써 "이"에서 만들어진 글자	ね	ね	②ㅇ가 밖에 있다면 外라 할 텐데 안에 있어 "内"
も	も	털 "모"에서 만들어진 글자	れ	れ	두 사람이 레슬링을 하고 있는 모습 "레"
せ	せ	세상 "세"에서 만들어진 글자	ま	ま	말 "마"에서 만들어진 글자
や	や	어조사 "야"에서 만들어진 글자	ん	ん	그냥 외워 보세요. 받침으로 쓰이는 글자(ㅁ, ㄴ, ㅇ)
り	り	이로울 "리"에서 만들어진 글자			

カタカナ 외우기

질문 → カタカナ를 쉽게 암기할 수 있는 방법이 없나요?
☞ 있죠! 자아~, 보세요!

ア	イ	ウ	エ	オ	カ	キ	ク	ケ	コ
アメリカ	インク	ウィスキー	ダイエット	オートバイ	カンガルー	キー	クレヨン	ケーキ	コップ
サ	シ	ス	セ	ソ	タ	チ	ツ	テ	ト
サラダ	シャベル	スパゲッティ	セカンド	ソファー	タクシー	チーズ	バケツ	テーブル	トマト
ナ	ニ	ヌ	ネ	ノ	ハ	ヒ	フ	ヘ	ホ
マナー	テニス	カヌー	ネクタイ	ノート	ハンバーガー	ヒーター	フィルム	ヘリコプター	ホース
マ	ミ	ム	メ	モ	ヤ	イ	ユ	エ	ヨ
マイナス	ミルク	ハム	メロン	モンキー	タイヤ	インク	ユニフォーム	ダイエット	ヨット
ラ	リ	ル	レ	ロ	ワ	イ	ウ	エ	ヲ
ラケット	リボン	ルビー	レモン	ロケット	ワイン	インク	ウィスキー	ダイエット	X

▶ **カタカナ 암기요령 2가지**

カタカナ는 외래어나 고유명사 그리고 의성어, 의태어 또는 부분적 강조 및 멋을 내기 위해서도 쓰인다.

(1) 일본에서는 유치원 아이들에게 이러한 방법으로 가타카나를 암기시킨다.

例 ① アメリカ → ア　② インク → イ　③ トマト → ト　④ テニス → ニ　⑤ メロン → メ
　　(아메리카 에 아)　(잉크 에 이)　(토마토 에 토)　(테니스 에 니)　(메론 에 메)

(2) 히라가나와 유사한 모양을 가진 가타카나를 골라서 따로 암기한다.

①か→カ ②き→キ ③こ→コ ④せ→セ ⑤へ→ヘ ⑥も→モ
⑦や→ヤ ⑧り→リ ⑨う→ウ ⑩し→シ ⑪つ→ツ 등은

ひらがな와 너무나 유사하여 외우기 편하다. 특히 シ와 ツ는 점을 연결하여 형상화해 보면 쉽게 외워진다. 아래 방법을 참고하여 살펴보자.

▶ **방법 (점을 연결)**

シ(し) → シ　　ツ(つ) → ツ

요음 읽기 연습

"요음"은 두 음이 합해져서 하나의 음이 되는 것을 가리킵니다.
큰 문자와 작은 문자가 합하여 하나의 음이 되도록 합니다.

きゃ (캬) (키 + 야 → 캬)	きゅ (큐) (키 + 유 → 큐)	きょ (쿄) (키 + 요 → 쿄)	にゃ (냐) (니 + 야 → 냐)	にゅ (뉴) (니 + 유 → 뉴)	にょ (뇨) (니 + 요 → 뇨)
ぎゃ (갸) (기 + 야 → 갸)	ぎゅ (규) (기 + 유 → 규)	ぎょ (교) (기 + 요 → 교)	ひゃ (햐) (히 + 야 → 햐)	ひゅ (휴) (히 + 유 → 휴)	ひょ (효) (히 + 요 → 효)
しゃ (샤) (시 + 야 → 샤)	しゅ (슈) (시 + 유 → 슈)	しょ (쇼) (시 + 요 → 쇼)	びゃ (뱌) (비 + 야 → 뱌)	びゅ (뷰) (비 + 유 → 뷰)	びょ (뵤) (비 + 요 → 뵤)
じゃ (쟈) (지 + 야 → 쟈)	じゅ (쥬) (지 + 유 → 쥬)	じょ (죠) (지 + 요 → 죠)	ぴゃ (뺘) (삐 + 야 → 뺘)	ぴゅ (쀼) (삐 + 유 → 쀼)	ぴょ (뾰) (삐 + 요 → 뾰)
ちゃ (챠) (치 + 야 → 챠)	ちゅ (츄) (치 + 유 → 츄)	ちょ (쵸) (치 + 요 → 쵸)	みゃ (먀) (미 + 야 → 먀)	みゅ (뮤) (미 + 유 → 뮤)	みょ (묘) (미 + 요 → 묘)
ぢゃ (쟈) (지 + 야 → 쟈)	ぢゅ (쥬) (지 + 유 → 쥬)	ぢょ (죠) (지 + 요 → 죠)	りゃ (랴) (리 + 야 → 랴)	りゅ (류) (리 + 유 → 류)	りょ (료) (리 + 요 → 료)

◆ 단어 연습

じょせい 여성(女性)	ちょちく 저축(貯蓄)	ちきゅう 지구(地球)	しょくじ 식사(食事)
ゆにゅう 수입(輸入)	りょこう 여행(旅行)	じゃがいも 감자	ちゃ 차(茶)
ぎゃく 역, 반대(反対)	ひゃく 백(百)	ぎゅうにゅう 우유(牛乳)	びょうき 병(病気)

발음 교정 〈5가지〉

발음이 습관화되어 굳어지기 전에 교정해 두는 것이 무엇보다 중요합니다.
아래 단어로 가볍게 연습해 보세요!

1 濁音(탁음)

유성음이므로 성대가 울리도록 연습합니다. 특히, 입에서 소리를 내지 말고 목에서 소리가 나게 해야 합니다.
「゛」은 오른쪽에 두 개의 점을 찍어 구분하며, 「゛」이 찍히면 탁한 음을 내게 됩니다.

が (가)	ぎ (기)	ぐ (구)	げ (게)	ご (고)
ざ (자)	じ (지)	ず (즈)	ぜ (제)	ぞ (조)
だ (다)	ぢ (지)	づ (즈)	で (데)	ど (도)
ば (바)	び (비)	ぶ (부)	べ (베)	ぼ (보)

◆ 단어 연습

ごご 오후(午後)	ぐあい 형편	げた 나막신	だいがく 대학교(大学)
はなぢ 코피(鼻血)	ばら 장미	こうべ 고-베(神戸:지명)	ぶた 돼지(豚)
かぜ 바람(風)	どろぼう 도둑	ぼうし 모자	～です ～입니다

＊위의 うは 장음(-)으로 발음됩니다.

2 半濁音(반탁음)

「ぱ, ぴ, ぷ, ぺ, ぽ」의 발음 구분은 다음과 같습니다.
첫 소리에 올 때는 'ㅍ'에 가깝게, 그 외에는 'ㅃ'에 가깝게 발음합니다. 특히 의성어나 의태어에 많이 쓰이며,
이 때는 위치에 관계없이 'ㅃ'의 소리를 낼 때도 있습니다.

주의) ぢ는 じ와 づ는 ず와 발음이 같으며, 반탁음은 오른쪽에 작은 동그라미(˚)를 붙여서 구분한다.

ぱ (빠/파)	ぴ (삐/피)	ぷ (뿌/푸)	ぺ (뻬/페)	ぽ (뽀/포)

3 長音(장음)과 短音(단음)

장음은 길게 끌어서 발음하는 소리를 말하며, 장음을 표시하는 글자는 [あ, い, う, え, お] 등 다섯 개의 모음입니다.

종류	단어	長音	短音
あ단 뒤에 오는 あ단	おばあさん	おばーさん 할머니	おばさん 아줌마
い단 뒤에 오는 い단	おじいさん	おじーさん 할아버지	おじさん 아저씨
う단 뒤에 오는 う단	ゆうき	ゆーき 용기	ゆき 눈
え단 뒤에 え 또는 い가 올 때	せいかい	せーかい 정답	せかい 세계
お단 뒤에 お 또는 う가 올 때	ようじ	よーじ 볼일	よじ 4시

4 促音[っ](촉음)

앞 文字에서 [ㄱ ㅅ ㄷ ㅂ ㅍ] 등의 받침으로 쓰입니다. 즉, 뒤에 오는 자음의 받침을 앞의 자음에 합친다고 보면 되겠죠. [っ] 뒤에 오는 자음의 영향을 받아 받침으로 쓰입니다.

예) けっせき → せ(세)의 "ㅅ" 받침을 앞(け)에 붙여 "겟"이 된다.

※ 이렇게 되면 이때 뒤의 자음은 더욱 강하게 발음되어 "ㅆ"이 된다.

◆ 단어 연습 ※ ( ) 속에 「っ」의 알맞은 발음을 쓰세요.

① きっぷ ( ) 표	② がっこう ( ) 학교(学校)	③ あっさり ( ) 깨끗이
④ けっせき ( ) 결석(欠席)	⑤ いっぱい ( ) 가득	⑥ あさって ( ) 모레

[답 ①(ㅂ) ②(ㄱ) ③(ㅅ) ④(ㅅ) ⑤(ㅂ) ⑥(ㄷ)]

Tip

특히 주의해야 할 발음으로는 か행 [か き く け こ] 과 た행 [た ち つ て と]이다.
단어의 위치에 따라 발음이 달라진다. 즉 단어의 머리에 왔을 때는 「ㄱ 또는 ㄷ」이지만, 뒤에 왔을 때는 「か행은 → ㄲ(ㅋ)/た행은 → ㄸ(ㅌ)」로 발음된다.

예) かさ[가사] せかい[세까(카)이] ともだち[도모다찌] おともだち[오또모다찌]

5 撥音(발음)

「ん(응)」 뒤에 오는 자음의 영향을 받습니다.

① ば행, ぱ행, ま행	입술음 → ㅁ
② か행, が행	목소리 → ㅇ
③ ざ행, た행, だ행, な행, ら행	혓소리 → ㄴ
④ あ행, は행, わ행, や행, さ행, 또 단어 끝에 ん이 오면	(ㄴ과 ㅇ의 중간음)

※받침으로 쓰이는「ん(응)」
  예)「ん(응)」은 앞 문자에「ㅇ, ㅁ, ㄴ」등의 받침으로 쓰인다.
   「ん」은 뒤에 오는 글자의 음을 준비하는 단계로서 3가지 종류가 있다.
   연습) えんぴつ → ㅁ(엠)   あんない → ㄴ(안)   かんこく → ㅇ(캉)
   그외) 중간 음「ㅇ, ㄴ」→ しゃしん でんわ ほんや せんそう

※「ん」뒤에 오는 문자를 발음하여 입술이 부딪치면 입술 음(ㅁ), 혀가 움직이면 혓소리(ㄴ), 목이 울려 소리가 나면 목소리(ㅁ)로 소리를 낸다.

◆ 단어 연습 ※( ) 속에「ん」의 알맞은 발음을 쓰세요.

❶ かんぱい ( ) 건배(乾杯)	❷ たんぽぽ ( ) 민들레	❸ にんぎょう ( ) 인형(人形)	❹ えんぴつ ( ) 연필(鉛筆)
❺ かんじ ( ) 한자(漢字)	❻ せんべい ( ) 쌀 과자	❼ ちょきん ( ) 저금(貯金)	❽ じゅんび ( ) 준비(準備)
❾ せんもん ( ) 전문(專門)	❿ びょういん ( ) 병원(病院)	⓫ ちゅうもん ( ) 주문(注文)	⓬ びん ( ) 병(瓶)
⓭ さんびゃく ( ) 삼백(三百)	⓮ べんとう ( ) 도시락	⓯ てんぷら ( ) 튀김	

[답 ①(ㅁ) ②(ㅁ) ③(ㅇ) ④(ㅁ) ⑤(ㄴ) ⑥(ㅁ) ⑦(ㅇ) ⑧(ㅁ) ⑨(ㅁ)(ㅇ) ⑩(ㅇ) ⑪(ㅇ) ⑫(ㅇ) ⑬(ㅁ) ⑭(ㄴ) ⑮(ㅁ)]

※「ん」이 끝에 오면 발음은「ㅇ」이 된다.

▶알아 두면 편리한 한자 읽기 요령

(1) く + 뒤에 か행이 오면 →「っ」
   ①だいがく(大学) → がっこう(学校) ②けんがく(見学) → がっか(学科)
   ③せんたく(洗濯)(독자단어)+き(機)(쓰기)→ せんたっき(발음) ④かく(各)+かい(界)(쓰기)→ かっかい(발음)
(2) く + 뒤에 さ행이 오면 → く는 묵음 또는 + u- 가깝게 발음
   ①がくせい(学生) ②おきゃく(客)さん ③たくさん(沢山)
(3) つ + 뒤에 か, さ, た, ぱ행이 오면 →「っ」
   ①まんねんひつ(万年筆) → ひっき(筆記)   ②ざつおん(雑音) → ざっし(雑誌)
   ③はつめい(発明) → はったつ(発達)   ④はつめい(発明) → はっぴょう(発表)
(4) ん + 뒤에 は행이 오면 → ぱ(반탁음)
   ①まんねんひつ(万年筆) → えんぴつ(鉛筆) 예외) 万年筆

단어 암기 요령

질문 → 단어를 쉽게 암기할 수 있는 방법은 없나요?
☞ 있죠! 자아~, 보세요!

あい	사랑 <愛>	はる	봄 <春>	もしもし	여보세요	むかし	옛날 <昔>
おい	조카	なつ	여름 <夏>	さくら	벚꽃	わたし	나 <私>
さけ	술 <酒>	あき	가을 <秋>	すし	초밥	こい	잉어
むし	벌레 <虫>	ふゆ	겨울 <冬>	さしみ	회	とけい	시계 <時計>
いえ	집 <家>	ほん	책 <本>	くるま	자동차 <車>	ひと	사람 <人>
へや	방 <部屋>	いま	지금 <今>	はい	네, 예	うみ	바다 <海>
はな	꽃 <花>	ひま	한가함 <暇>	いいえ	아니요	えき	역 <駅>
て	손 <手>	はは	엄마 <母>	なに	무엇 <何>	のり	김
よめ	며느리 <嫁>	かんこく	한국 <韓国>	ねこ	고양이	いつも	늘, 항상
たけ	대나무 <竹>	そら	하늘 <空>	ちち	아버지 <父>	はなし	이야기 <話>
やま	산 <山>	みみ	귀 <耳>	あなた	당신	みそ	된장
のみや	술집 <飲み屋>	ほし	별 <星>	みせ	가게 <店>	いくら	얼마

✱た행과 か행은 단어 뒤에 오면 강한 발음을 낸다.

▶ 단어암기 요령
자, 이렇게 해 보세요. 문장 끝에 '모습'이라고 있죠? 단어를 암기할 때 영상 즉, 그림을 떠올리는 것입니다.
글씨보다는 그림, 그림보다는 또 영상이 훨씬 기억하기 편하잖아요? 머리에 장면의 모습을 재미있게 띄워 보세요.

1. あい 사랑 　★아이 → 갓난 아이를 보면서 손이랑 발이랑 머리가 너무 작고 사랑스러워서 꼭 깨물어 주고 싶어하는 모습
2. はな 꽃 　★하나 → 오늘은 내 생일인데 어찌 꽃 하나 없어? 하며 남자 친구의 빈손을 보며 무척 실망하는 모습
3. ばら 장미 　★바라 → 내일 놀이공원에 간다며? 가거든 꼭 장미축제 좀 봐라! 넘 예뻐! 하면서 알려주고 있는 모습
4. さけ 술 　★사께 → 매일 얻어먹기만 했던 선배! 오늘은 웬일이야? 내가 술 살게! 하면서 주머니에서 지폐를 쑥! 꺼내는 모습

5. ぶどう 포도	★부도- → 포도 농가들이 집집마다 부도가 나자 수입품 개방 때문이라며 국회의사당 앞에 포도상자를 쌓아 두고 보상하라! 고 데모하는 모습	
6. さかな 생선	★사까나 = 살까나 → 오늘은 시장에서 무엇을 살까나! 생선을 살까나? 하고 고민하는 모습	
7. えび 새우	★에비 → 노모가 아들에게 전화를 걸어 "애비야! 새우가 먹고 싶구나! 올 때 새우 좀 사오너라."하며 부탁하는 모습	
8. みそ 된장	★미소 → 된장찌개를 좋아하는 아빠, 오늘도 저녁 식탁 된장찌개를 보고 입가에 흐뭇한 미소를 짓는 모습	
9. いも 감자/고구마	★이모 → 우리가 시골에 가면 이모는 감자와 고구마를 쪄주신다. 내년에도 가면 이모는 감자와 고구마를 쪄주겠지! 하며 기대하는 모습	
10. むし 벌레	★무시 → 어제 뒷산에서 털이 "쑹쑹"한 무시무시한 벌레를 봤다고 학교 친구들에게 이야기하는 모습	
11. ひがし 동쪽	★히가시 = 흰 가시 → 이 마을에 흰 가시나무가 있다고 하는데 어디에 있소? 저쪽 동쪽으로 가보시오. 동쪽이요! 하며 알려주는 모습	
12. にし 서쪽	★니시 = 다니시다 → 궁궐에 높은 분들은 다들 서쪽 문으로 다"니시"는데…, 자네 아버지도 서쪽으로 다니시나? 하며 묻는 모습	
13. みなみ 남쪽	★미나미 = 미남이 → 옛 말에 南男北女(남남북녀)라고 했지? "남쪽에는 미남이 많고 북쪽에는 미녀가 많다!"는 뜻이야. 나를 보면 모르겠니? 하며 으스대는 모습	
14. きた 북쪽	★기타 → 북한 수입품 중 가장 인기 있는 품목은 바로 이 기타라네! 이것이 바로 "북쪽에서 만든 기타-야! 북쪽하면 이 기타가 최고지! 하며 자랑을 하는 모습	
15. はなや 꽃집	★하나야 → 왜? 이 마을엔 꽃집이 하나야? 하며 그 꽃집에서 산 꽃이 마음에 들지 않아 투덜대는 모습	
16. ゆり 백합	★유리 → 흔한 장미나 국화를 기르는 것보다는 차라리 백합을 재배하는 것이 경제적으로나 시장성을 보나 훨씬 유리하다며 백합 재배를 결정하는 모습	
17. あさがお 나팔꽃	★아사가오 = 앗아가오 → 오! 나팔꽃 아가씨 어찌 내 마음을 이리도 몽땅 다- 앗아가오!	
18. しか 사슴	★시까 = 市価→ 사슴 농장에서 사슴들을 팔려고 가격 즉 시가를 메기고 있는데… 이 큰 사슴은 시가가 얼마나 나갈까? 하며 고민하는 모습	
19. しし 사자	★시시 → 동물왕국을 보는데…, 정말 시시한 사자! 사자가 하이에나들 앞에서 슬금슬금 힐끗힐끗 보면서 달아나는 모습	
20. くり 밤	★구리 → 추석 때 밤나무 밑에서 알밤을 주었는데 반짝반짝 구리 빛이 나는 모습	
21. のり 김	★노리 = 놀이 → 아이들이 김을 가지고 놀이를 하고 있다. 아니! 김을 먹으라고 했지! 누가 놀이하래! 하며 화를 버럭 내는 모습	
22. うみ 바다	★우미 = 우. 미 → 우리의 바다는 너무 많이 오염되어 있다. 점수를 준다면 수는 안 돼! 우나 미정도가 좋겠다며 오염된 바다를 걱정하는 모습	
23. ふね 배	★후네! → 잘났네 잘났어! 있을 때 잘하지 이제 울어도 소용없어! 배 떠난 후네! 하며 친구를 위로하는 모습	
24. えいが 영화	★에이 가 → 오늘 비도 오는데 영화나 보러 가자! 에이 가자! 영화 보러! 하며 친구들을 선동하는 모습	
25. しごと 일	★시고 또 → 자! 힘들 때는 잠시 시고…, 또 일하는 것이 좋겠죠? 시고 또 일합시다! 시고 또! 시고 또 일해! 하며 일꾼들을 쉬게 하는 모습	

※다음 단어의 뜻을 말해 보세요.
1. あい   2. はな   3. ばら   4. さけ   5. ぶどう
6. さかな 7. えび   8. みそ   9. いも   10. むし
11. ひがし 12. にし 13. みなみ 14. きた 15. はなや
16. ゆり 17. あさがお 18. しか 19. しし 20. くり
21. のり 22. うみ 23. ふね 24. えいが 25. しごと

カタカナ연습 (외래어 표기)

질문 → カタカナ는 꼭 외워야 하나요?
☞ 그럼요! 이것이 가장 많이 쓰이는 외래어입니다.

タクシー 택시[다꾸시-]	ジュース 주스[쥬-스]	テーブル 테이블[테-부르]	ミルク 밀크[미루크]
バス 버스[바스]	デパート 백화점[데빠-또]	コーラ 콜라[코-라]	チョコレート 초콜릿[쵸꼬레-또]
ホテル 호텔[호테루]	テレビ 텔레비전[테레비]	スーパー 슈퍼[스-빠-]	ノート 노트 [노-또]
コーヒー 커피[코-히-]	コンピューター 컴퓨터[콤퓨-따-]	ワイン 와인[와잉]	ビル 빌딩[비루]
バナナ 바나나[바나나]	ボール 볼[보-루]	ソラク山 설악산[소라꾸산]	カーテン 커튼[카-텐]
ベッド 침대[벧도]	マナー 매너[마나-]	コピー 복사[코피-]	チーズ 치즈[치-즈]
ロシア 러시아[로시아]	ウィスキー 위스키[위스키-]	フィリピン 필리핀[휘리핑]	ドイツ 독일[도이쯔]
アメリカ 미국[아메리카]	カメラ 카메라[카메라]	ラジオ 라디오[라지오]	スパゲッティ 스파게티[스파겟티]
カレーライス 카레라이스 [카레-라이스]	サラダ 샐러드[사라다]	ハンバーガー 햄버거[함바-가-]	サンドイッチ 샌드위치[산도잇찌]
トースター 토스터[토-스타-]	アイロン 다리미[아이롱]	ボールペン 볼펜[보-루뻰]	アイスクリーム 아이스크림[아이스크리-무]
ロッカー 로커[록카-]	ケーキ 케이크[케-키]	シャープペン 샤프펜슬[샤-프펜]	

▶ 「ウィスキー」와 「フィリピン」에서 「ィ」는 カタカナ에 없는 발음입니다. 이처럼 원래 없는 발음을 가져다 쓰는 것은 원음을 더 충실하게 발음하기 위해서입니다.

カタカナ는 원래 외래어나 고유명사에 쓰이며 간혹 부분적인 강조나 멋을 내기 위해 쓰입니다. 처음부터 외우는 것도 좋지만 입문 과정이 성숙해진 후에 필요한 것부터 서서히 익혀도 됩니다.

또한, カタカナ를 배운 사람들이 장음(ㅡ)을 골치 아파합니다. 이것을 해결하는 방법은 단어를 읽을 때 어색하지만 원음 그대로 읽는 것입니다.

※ ハンバーガー를 읽을 때 〈함바가〉가 아니고 〈함바-가-〉하며 목소리를 길게 쭉- 빼는 것입니다.

실력 키우기 문제

♣ 꼭 확인하고 넘어가자! 특히 장음에 주의하여 풀어 보자.

1 아래의 한글을 カタカナ로 쓰세요.

1. 햄버거 | | | | ー | | ー |

2. 콜라 | | ー | |

3. 스파게티 | | | | | |

4. 샐러드 | | | |

5. 아이스크림 | | | | | ー | |

6. 빌딩 | | |

7. 토스터 | | ー | | ー |

8. 다리미 | | | | |

9. 샤프펜슬 | | | ー | | |

10. 노트 | | ー | |

2 올바른 カタカナ에 ○표 하세요.

1. a) サントイチ
   b) サンドイッチ
   c) サッドイッチ

2. a) ミルク
   b) ミルクー
   c) ミールク

3. a) コーヒー
   b) コオヒー
   c) コーヒ

4. a) カテーン
   b) カーテーン
   c) カーテン

5. a) ボルペン
   b) ボールペン
   c) ポールペン

6. a) ロカー
   b) ロッカー
   c) ロッカアー

[**1** 1. ハンバーガー(햄버거) 2. コーラ(콜라) 3. スパゲッティ(스파게티) 4. サラダ(샐러드) 5. アイスクリーム(아이스크림) 6. ビル(빌딩) 7. トースター(토스터) 8. アイロン(다리미) 9. シャープペン(샤프펜슬) 10. ノート(노트) **2** 1. b) 2. a) 3. a) 4. c) 5. b) 6. b)]

2 단계

기초문형

기초문형이란?
문형의 기초가 되며, 단어와 단어가 연결되어 특별한 문법없이 표현되는 문형입니다.
일본어는 우리말과 어순이 똑같아요. 그래서 다들 웃으면서 시작한다고들 하죠!
네! 그냥 웃으면서 가볍게 시작해 볼까요?

1 기초문형

일본어 어순이 우리말과 똑같다던데 정말입니까? 그럼 처음 시작하는 사람들이 쉽게 접하겠군요.
네! 가볍게 준비운동삼아 시작해 보세요.

1. 기초 표현

❶ これは 이것은　　写真(しゃしん)(사진) / 鉛筆(えんぴつ)(연필)　　です。 ~입니다.

❷ ここに 여기에　　本(ほん)(책) / ペン(펜)　　があります。 ~이(가) 있습니다. 〈무생물〉

❸ ここに 여기에　　学生(がくせい)(학생) / 猫(ねこ)(고양이)　　がいます。 ~이(가) 있습니다. 〈생물〉

2. 인사와 소개

❶ おはようございます。 안녕하세요.〈아침 인사〉 ※하루가 시작되는 첫 인사

❷ こんにちは。 안녕하세요.〈점심 인사〉 ※12시 이후부터 5시경까지(해지기 전)

❸ こんばんは。 안녕하세요.〈저녁 인사〉 ※해가 진 후

주의) 여기서 「は」의 발음은 [하]가 아닌 [와]로 발음해야 한다.

> **Tip**
> 기초문형이란, 문형의 기초로서 일본어 공부에 기본이 되는 것을 말합니다. 문법변화의 영향을 받지 않고 누구나 쉽고 편하게 접할 수 있는 문형으로 어순이 우리말과 비슷하여 쉽게 익혀집니다.
> 「いる(있다)」는 「ある(있다)」와 뜻이 똑같습니다.
> 주의할 점이 있다면 「いる」는 생물의 존재를 나타내고, 「ある」는 무생물의 존재를 표현한다는 점입니다.

3. 문형연습

《기초표현 = 지시대명사+조사+명사+동사》

우리말처럼 단어를 붙여서 만들어 보세요! 어순이 똑같아 아주 쉬워요. 그럼, 시작해 볼까요?

〈1〉지시대명사	こ(이)		そ(그)		あ(저)		ど(어느)	
지시	この	이	その	그	あの	저	どの	어느
물건	これ	이것	それ	그것	あれ	저것	どれ	어느 것
방향	こちら (=こっち)	이쪽	そちら (=そっち)	그쪽	あちら (=あっち)	저쪽	どちら (=どっち)	어느 쪽
방법	こんな	이러한	そんな	그러한	あんな	저러한	どんな	어떠한
	こう (=こんなに)	이렇게	そう (=そんなに)	그렇게	ああ (=あんなに)	저렇게	どう (=どんなに)	어떻게
장소	ここ	여기	そこ	거기	あそこ	저기	どこ	어디

〈2〉조사	① は ~은/는 ② も ~도 ③ の ~의/의 것 ④ に ~에 ※「は」가 '~은/는'의 뜻을 나타내는 조사로 쓰일 때의 발음은 [하]가 아닌 [와]가 된다.

〈3〉명사	① 鉛筆(연필) ② 本(책) ③ あなた(당신) ④ 私(나, 저) ⑤ 何(무엇) ⑥ 会社員(회사원) ⑦ 車(승용차) ⑧ 学生(학생) ⑨ 猫(고양이) ⑩ 誰(누구) ⑪ 友達(친구) ⑫ 軍人(군인) ⑬ 写真(사진) ⑭ 銀行員(은행원)

〈4〉동사	① ~です(~입니다) ※ ~ではありません(~이(가) 아닙니다) ② ~があります(~이(가) 있습니다)〈무생물〉 ③ ~がいます(~이(가) 있습니다)〈생물〉

〈5〉의문사	① ~ですか(~입니까?) ② ~がありますか(~이(가) 있습니까?)〈무생물〉 ③ ~がいますか(~이(가) 있습니까?)〈생물〉

❶ ～は ～です (～은/는 ～입니다)

문장이 만들어지는 가장 기본입니다. 우선 연습 A부터 익히고 나서, 연습 B를 붙여서 읽어 봅시다.

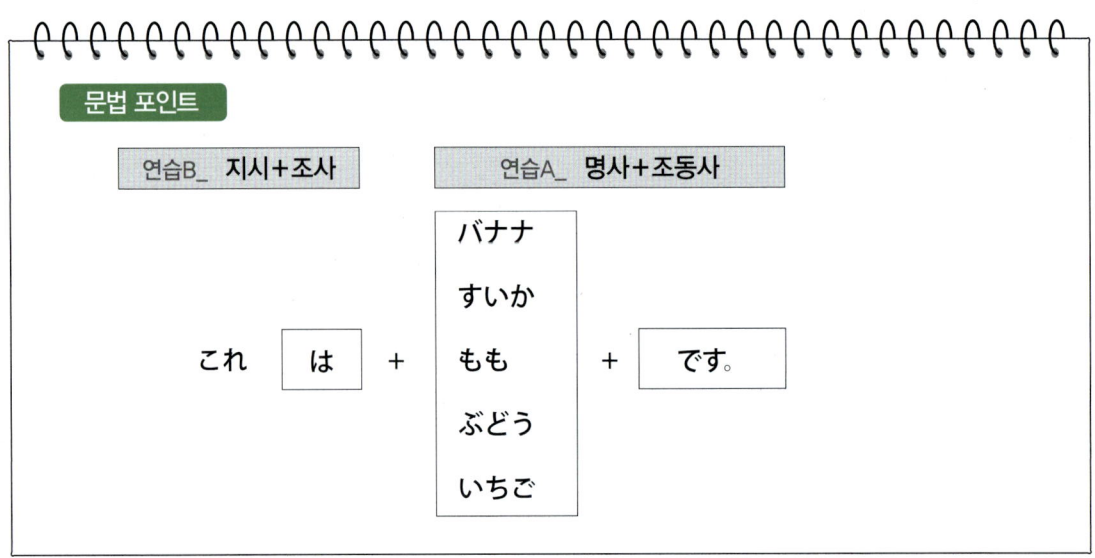

[해석] 이것은 [바나나 / 수박 / 복숭아 / 포도 / 딸기]입니다.

응용회화

1 これは何ですか。 이것은 무엇입니까?
   ➡ それはりんごです。 그것은 사과입니다.
   ➡ それは私の①_____です。 그것은 나의 사과입니다.

2 これもりんごですか。 이것도 사과입니까?
   ➡ はい、そうです。 네, 그렇습니다.
   ➡ いいえ、それはりんごではありません。②_____。 아니요, 그것은 사과가 아닙니다. 복숭아입니다.

▶ 「そ」로 질문할 때는 반드시 「こ」로만 대답하며, 「こ」로 질문할 때는 가까운 경우는 「こ」로 먼 경우는 「そ」로 대답하면 된다.

▶ 이 책의 구성은 〈문법 포인트〉, 〈응용회화〉로 구성되어 있다.
  문법 포인트는 일본어로 구성되어 있는데, 특히 연습A 부분은 문형을 쉽게 이해하도록 유도하고 있다.
  연습A를 익힌 다음 연습B를 붙여서 읽으면 억지로 외우지 않아도 편안하게 학습이 된다.
  특히 뒤로 갈수록 학생들이 힘들어하는 이유는 그 문장을 이해하지 않고 암기하려고 하는데 원인이 있다.
  연습A부터 충분히 익히고 연습B를 붙여 하나하나 학습해 가면 반드시 성공할 것이다.

[답 ① りんご ② ももです]

❷ ～に ～が あります (～에 ～이/가 있습니다)

무생물의 존재를 표현합니다. (있다/있다)

우리말과 달리 일본어는 생물과 무생물의 존재를 다르게 표현합니다. 구분해서 잘 기억해 두세요!

문법 포인트

연습B_ 지시+조사		연습A_ 명사+조동사	
ここ		ぶどう	
ここ		くり	
あそこ	に +	すいか	+ が あります。
箱の中(はこ なか)		いちご	
机の上(つくえ うえ)		もも	

[해석] 여기에 포도가 있습니다. / 여기에 밤이 있습니다. / 저기에 수박이 있습니다. / 상자 속에 딸기가 있습니다. / 책상 위에 복숭아가 있습니다.

응용회화

1 りんごはどこにありますか。 사과는 어디에 있습니까?
   ➡ 箱の中に①_____。 상자 속에 있습니다.
   ➡ 机の上に②_____。 책상 위에 있습니다.

2 箱の中に何(なに)がありますか。 상자 속에 무엇이 있습니까?
   ➡ ③_____が④_____。 사과가 있습니다.
   ➡ ⑤_____と⑥_____が⑦_____。 포도와 딸기가 있습니다.

▶ 「ます」는 동사에 붙는 것인데, ます에 대한 설명은 동사 편에서 하기로 한다.

▶ 「ある」와 「いる」는 동사로, 각각 "있다"의 뜻이다. 「ある」의 정중한 표현인 「あります」는 무생물의 존재를 나타내며, 「いる」의 정중한 표현은 「います」로 생물의 존재를 나타낸다.

Tip

학습방법
두 사람이 대화하듯 읽어 주고 듣고 답하며 공부하면 더욱 효과가 큽니다. 지금부터는 한자도 서서히 익혀 나가세요.

[답 ① あります ② あります ③ りんご ④ あります ⑤ ぶどう ⑥ いちご ⑦ あります]

❸ ～は ～に います (~은/는 ~에 있습니다)

> 생물의 존재에 대해 쓴다는 것이 우리말과 다르네요! 주의하세요!

문법 포인트

연습B_ 명사+조사   연습A_ 명사+동사

① 李さん
② 朴さん   は   +   会社
③ 犬(いぬ)   公園(こうえん)   +   に います。
                   金さんの側(そば)

[해석] ① 이 씨는 회사에 있습니다.
② 박 씨는 공원에 있습니다.
③ 개는 김 씨 옆에 있습니다.

응용회화

1 李さんはどこにいますか。 이 씨는 어디에 있습니까?
   ➡ 李さんは会社(かいしゃ)にいます。 이 씨는 회사에 있습니다.
   ➡ 朴さんは①_____。 박 씨는 공원에 있습니다.

2 部屋(へや)の中(なか)に何(なに)がいますか。 방 안에 무엇이 있습니까?
   ➡ ねこが②_____。 고양이가 있습니다.
   ➡ ③_____と④_____が⑤_____。 고양이와 개가 있습니다.

▶ 여기서 익혀야 하는 문형은 「いる → います」(생물) / 「ある → あります」(무생물)이다.

▶ '옆'을 나타내는 말
① 隣(となり) 이웃 ② 側(そば) 가까이 ③ 横(よこ) 좌, 우측

[답] ① こうえんにいます ② います ③ ねこ ④ いぬ ⑤ います

❹ 挨拶と自分の紹介 (인사와 자기소개)

🍃 아침・점심・저녁에 따라 인사법이 달라요. 익혀서 실수하지 않도록 합시다.

문법 포인트

연습B_ 명사		연습A_ 인사
中村<small>なかむら</small>さん	+	おはようございます。〈아침〉
		こんにちは。〈점심〉
		こんばんは。〈저녁〉
		初めまして。わたしは金です。
		どうぞよろしくお願いします。

[해석] 나카무라 씨 – 안녕하세요!〈아침인사〉/ 안녕하세요!〈점심인사〉/ 안녕하세요!〈저녁인사〉/ 처음 뵙겠습니다. 저는 김입니다 / 모쪼록(부디) 잘 부탁합니다.

응용회화

1 初めまして。張です。 처음 뵙겠습니다. 장입니다.

　➡ 初めまして。①___です。どうぞよろしくお願いします。
　　처음 뵙겠습니다. 김입니다. 잘 부탁합니다.

2 金さん！おはようございます。 김 씨! 안녕하세요.

　➡ 朴さん！おはようございます。お元気ですか。 박 씨! 안녕하세요. 건강하십니까?

▶ 일본어에는 아침, 점심, 저녁 인사가 따로 있다.
　아침 인사는 흔히 12시 이전에 하며 "오하요– 고자이 마 – 스!"하며 명쾌하게 길게 빼서 표현한다.
　점심 인사는 해가 지기 전에 하며, 저녁 인사는 해가 진 후에 하면 된다.
　암기방법 : 늦지 말고 "곰방〈금방〉 와!"하며 외운다.

Tip
"매일 만나는 사람을 사정 때문에 오후 늦게 만났을 때"는 아침인사인 「おはようございます」(아침인사)를 쓰는 경우도 있다. 즉, 그 사람과의 첫 인사가 되는 것이다.

[답 ① 金]

실력 키우기 문제

1 다음 우리말을 일본어로 바꿔 보세요.

1 나는 학생입니다. _____

2 당신도 학생입니까? _____

3 아니요, 나는 학생이 아닙니다. _____

4 사과는 어디에 있습니까? _____

2 다음 일본어를 우리말로 해석하세요.

1 これもりんごですか。 _____

2 いいえ、それはぶどうです。 _____

3 犬(いぬ)はどこにいますか。 _____

4 犬はいすの下(した)にいます。 _____

[1. 1. 私(わたし)は学生(がくせい)です。 2. あなたも学生ですか。 3. いいえ、私は学生ではありません。 4. りんごはどこにありますか。
2. 1. 이것도 사과입니까? 2. 아니요, 그것은 포도입니다. 3. 개는 어디에 있습니까? 4. 개는 의자 밑에 있습니다.]

3 단계

숫자 읽기

시간·달력·전화번호·생년월일은 일본어 표현에 있어 아주 중요합니다.
머리로만 이해하지 말고 입으로 소리내어 연습하여 자연스럽게 표현될 수 있도록 습관화시키는 것이 무엇보다 중요합니다.
쉽게 암기하는 요령도 있으니, 자신감을 가지고 숫자 읽기의 달인이 되어 볼까요?

1 단어 암기

> 포인트 부분은 특별히 취급해 주세요.
> 1일부터 10일까지 특히 4일, 14일, 20일, 24일은 더욱 중요합니다.

1. 월

いちがつ 一月	にがつ 二月	さんがつ 三月	しがつ 四月	ごがつ 五月	ろくがつ 六月
しちがつ 七月	はちがつ 八月	くがつ 九月	じゅうがつ 十月	じゅういちがつ 十一月	じゅうにがつ 十二月
せんせんげつ 先々月	せんげつ 先月	こんげつ 今月	らいげつ 来月	さらいげつ 再来月	

2. 달력

げつようび 月曜日	かようび 火曜日	すいようび 水曜日	もくようび 木曜日	きんようび 金曜日	どようび 土曜日	にちようび 日曜日	なんようび 何曜日
ついたち 一日	ふつか 二日	みっか 三日	よっか 四日	いつか 五日	むいか 六日	なのか 七日	
ようか 八日	ここのか 九日	とおか 十日	じゅういちにち 十一日	じゅうににち 十二日	じゅうさんにち 十三日	じゅうよっか 十四日	
じゅうごにち 十五日	じゅうろくにち 十六日	じゅうしちにち 十七日	じゅうはちにち 十八日	じゅうくにち 十九日	はつか 二十日	にじゅういちにち 二十一日	
にじゅうににち 二十二日	にじゅうさんにち 二十三日	にじゅうよっか 二十四日	にじゅうごにち 二十五日	にじゅうろくにち 二十六日	にじゅうしちにち 二十七日	にじゅうはちにち 二十八日	
にじゅうくにち 二十九日	さんじゅうにち 三十日	さんじゅういちにち 三十一日	なんにち 何日				

✱20살 〈はたち〉

> **Tip**
> ▶ 달력 암기요령   학생들이 숫자 중에서 가장 읽기 어려워하는 것이 달력 읽기인데, 특히, 1일부터 10일까지가 가장 애먹는 부분이다. 달력 읽기 이렇게 하면 쉽게 외워진다.
> 1. 一日 1일 (쯔이따찌) → 첫째 날은 4글자 → "쯔이따찌"
> 2. 二日 2일 (후쯔까) → 2일은 후-! 하고 붙어버려! → "후쯔까"
> 3. 三日 3일 (믹까) → 삼일은? 당신! 삼삼혀! 넘 아름다워 하며 『美! 美! 美!』 그래서 3일은 미까야! → "믹까"
> 4. 四日 4일 (욕까) → 달력에 4일은 짧게 → "욕까"
> 5. 五日 5일 (이쯔까) → 5일은 「いつ(언제)+か(의문) = いつか」 언젠가? → "이쯔까"
> 6. 六日 6일 (무이까) → 6일은 무로 시작? 그럼 무과? 그건 조선시대 벼슬이고…. 무이까야! → "무이까"
> 7. 七日 7일 (나노까) → 7일은 지금 자녀가 6명인데…, 자녀 한 명 더 나놓까? 그럼 7명? → "나노까"
> 8. 八日 8일 (요-까) → 달력에 4일은 짧게! → "욕까" / ★8일은 길게! → "요-까"
> 9. 九日 9일 (고꼬노까) → 9일은 병아리가 모이를 쪼듯이…. 고! 고! 고 → "고꼬노까"
> 10. 十日 10일 (토-까) → 10일은 일본어가 재미있는데? 내일 학원에! 또 올까? → "토-까"
> 11. 四日, 十四日, 二十四日, 二十日 (욕까, 쥬-욕까, 니쥬-욕까, 하쯔까)
>   → 4일은 짧게! "욕까" → 14일도 짧게 "쥬-욕까" → 24일도 짧게 "니쥬-욕까" → 달력에 20일은 특이하게 "하쯔까"

2 숫자 표현

시간·달력·전화번호·생년월일은 일본어 회화의 밑천이 되는 소중한 것들이죠.
이곳에서 몽땅 외워서 한방에 끝내 버려요.

1. 숫자

いち 一	に 二	さん 三	し/よん 四	ご 五	ろく 六	しち/なな 七	はち 八	きゅう/く 九	じゅう 十
じゅういち 十一	じゅうに 十二	ひゃく 百	にひゃく 二百	さんびゃく 三百	よんひゃく 四百	ごひゃく 五百	ろっぴゃく 六百	ななひゃく 七百	はっぴゃく 八百
きゅうひゃく 九百	せん 千	にせん 二千	さんぜん 三千	よんせん 四千	ごせん 五千	ろくせん 六千	ななせん 七千	はっせん 八千	きゅうせん 九千
いちまん 一万									

2. 시간

いちじ 一時	にじ 二時	さんじ 三時	よじ 四時	ごじ 五時	ろくじ 六時	しちじ 七時	はちじ 八時	くじ 九時	じゅうじ 十時
じゅういちじ 十一時	じゅうにじ 十二時								

3. 분

いっぷん 一分	にふん 二分	さんぷん 三分	よんぷん 四分	ごふん 五分	ろっぷん 六分	ななふん 七分	はっぷん 八分	きゅうふん 九分
じゅっぷん 十分 じっぷん	にじゅっぷん 二十分 にじっぷん	さんじゅっぷん 三十分 さんじっぷん	よんじゅっぷん 四十分 よんじっぷん	ごじゅっぷん 五十分 ごじっぷん	ろくじゅっぷん 六十分 ろくじっぷん			

4. 때

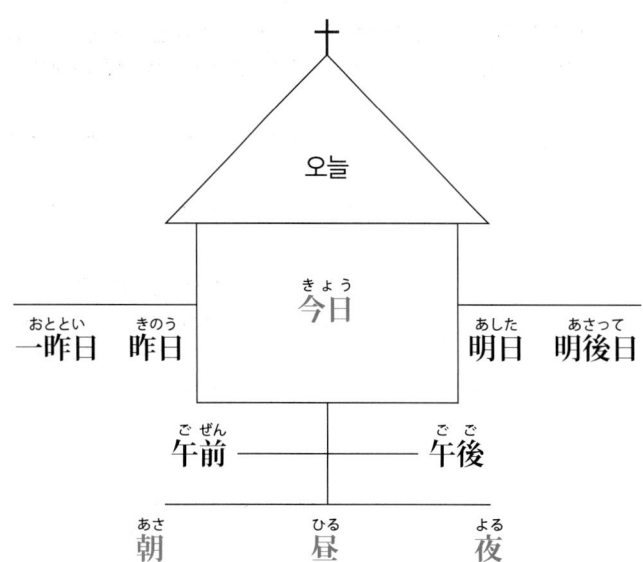

왼쪽에 그림이 있죠? 이것은 교회입니다.

- 오늘은 교회에 가는 날이라서 「쿄-」
- 내일은 날씨가 어떨까 「아시타」
- 모레는 무엇을 샀나 「아삿떼」
- 어제는 기어다녀서 「기노-」
- 그저께는 오토바이를 타고 다녔기 때문에 「오토또이」
- 오전은 할머니 속바지 「고젱이」
- 오후는 춤추는 고고장 「고고」

모두 외우고 나면
아래 「~から ~まで」에 대입하여
연습을 해 보자.

연습 テストはいつからいつまでですか。 시험은 언제부터 언제까지입니까?

＊いつ 언제 / 今 지금

Tip

▶ 단어 암기요령

1. 月曜日 월요일 〔게쯔요비〕 → 아침에 출근하는데 집에서 기르는 개가 아침부터 앞장을 선다. 개는 잠도 없나? 월요일은 개로 시작하는데요 하며 그래서 게쯔요비라고 말하는 모습

2. 火曜日 화요일 〔가요비〕 → 화요일! 시간이 넘 안 간다. 빨리 가라고! 가! 가! 하며 가요비 암기

3. 金曜日 금요일 〔킹요비 = 킹요비〕 → 요즘은 5일 근무제라 금요일이 주말이 되어 금요일 저녁 당신을 킹으로 모시겠다는 모습

4. 日曜日 일요일 〔니찌요비〕 → 니 어찌 일요일날 담요만 비비고 누워있니? 하며 묻는 모습.

5. 何曜日 무슨 요일 〔난 뭐야? = 난 요비〕 → 난〈何〉뭐야? 난 무슨 요일에 쉬냔 말야? 하면서 불평을 하는 모습

❶ ~は 何時何分から 何時何分までですか
(~은 몇 시 몇 분부터 몇 시 몇 분까지입니까?)

시간의 범위를 말하는 방법에 대해 알아볼까요? 앞에서 배운 시간을 나타내는 표현을 다 암기했다면 어려울 것 없을 거예요!

문법 포인트

연습B 명사+조사		연습A 시간+조동사	
❶ 会社		9時10分から4時10分まで	
❷ 勉強	は +	9時15分から4時15分まで	+ です。
❸ テスト		9時10分から12時30分まで	

[해석]
❶ 회사는 9시 10분에서 4시 10분까지입니다.
❷ 공부는 9시 15분에서 4시 15분까지입니다.
❸ 테스트는 9시 10분에서 12시 30분까지입니다.

응용회화

1 学校は何時から何時までですか。 학교는 몇 시부터 몇 시까지입니까?
   ➡ 学校は9時から4時までです。 학교는 9시부터 4시까지입니다.
   ➡ 土曜日は9時から12時までです。 토요일은 9시에서 12까지입니다.

2 日本語は何時から何時までですか。 일본어는 몇 시부터 몇 시까지입니까?
   ➡ 日本語は①_____分から ②_____分までです。 일본어는 7시 30분에서 8시 30분까지 입니다.

▶ 시간은 회화체에 많이 쓰이는 표현이다. 특히 불규칙한 시간은 암기하여 혼동하는 일이 없도록 하자. 시간을 말할 때에는 4시와 9시에 주의.
10分 단위는 「ぷん」으로만 쓰고, 5分 단위는 「ふん」으로만 읽는다. ※朝食 아침식사 昼食 점심식사 夕食 저녁식사

Tip
▶ 단어 암기 요령
1. 四時 4시 [요지] → 4시에 갈비탕 먹었나? 왜? 요지가 필요해? 하며 궁금해하는 모습
2. 九時 9시 [구지] → 「九」아홉구지? 그래서 아홉시는 구지
3. 今 지금 [이마] → 몸살인가? "지금 이마가 뜨겁구나?"하며 이마에 손을 대며 걱정하는 모습
4. いつ 언제 [이쯔=이주] → 이곳 마을은 언제부터 사람들이 이주를 해 와서 살았습니까? 하며 묻는 모습

[답 ①7時30 ②8時30]

❷ ～は 何曜日ですか (～은/는 무슨 요일입니까?)

요일은 월요일부터 일요일까지 7개입니다.
어렵지 않으니까 꼭 암기해 두세요!

문법 포인트

연습B_ 명사+조사   연습A_ 요일+조동사

今日 | は | + | 水曜日 / 木曜日 / 土曜日 | + | です。

[해석] 오늘은 [수요일 / 목요일 / 토요일]입니다.

응용회화

1 今日は何曜日ですか。 오늘은 무슨 요일입니까?
  ➡ 今日は月曜日です。 오늘은 월요일입니다.
  ➡ 明日は①_____です。明後日は②_____です。 내일은 화요일입니다. 모레는 수요일입니다.

2 土曜日は休みですか。 토요일은 쉽니까?
  ➡ はい、そうです。 네, 그렇습니다.
  ➡ いいえ、休みではありません。仕事があります。 아니요, 쉬지 않습니다. 일이 있습니다.

＊休み 휴일 / 仕事 일

▶ 모든 한자는 뜻과 소리로 되어 있다.
여러 한자가 복합되어 쓰일 때는 소리로 나타내며, 독립적인 한자는 뜻으로 읽으면 된다.
특히, 요일은 발음이 우리말과 비슷하다. 두 번 세 번 읽다 보면 금방 익숙해지고 한자 읽는 요령도 알게 된다.

月 → 소리 : げつ / 뜻 : つき(달)
水 → 소리 : すい / 뜻 : みず(물)
木 → 소리 : もく / 뜻 : き(나무)

[답] ① 火曜日 ② 水曜日

❸ ～は 何番ですか (~은/는 몇 번입니까?)

당신의 전화번호는 몇 번입니까?
전화번호는 어떻게 말해야 하는지 잘 알아두세요!

문법 포인트

연습B_ 명사+조사		연습A_ 전화번호+조동사	
❶ 会社の電話番号		02-714-0505	
❷ 私の電話番号	は +	032-373-4074	+ です。
❸ 携帯電話		010-342-2735	

[해석] ❶ 회사 전화번호는 02-714-0505입니다.
❷ 제 전화번호는 032-373-4074입니다.
❸ 휴대전화는 010-342-2735입니다.

응용회화

1 あなたのお電話番号は何番ですか。 당신의 전화번호는 몇 번입니까?
   ➡ わたしの電話番号は (02)-① _____ - _____ です。 나의 전화번호는 ___입니다.

2 あなたの携帯電話は何番ですか。 당신의 휴대전화는 몇 번입니까?
   ➡ わたしの携帯電話は②_____。 제 휴대전화는 ___입니다.

3 あなたの会社の電話番号は何番ですか。 당신의 회사 전화번호는 몇 번입니까?
   ➡ 02-303-7777です。 02-303-7777입니다.
   ➡ 会社の電話番号は③_____です。 회사 전화번호는 ___입니다.

▶ **숫자표현 복습**
1(いち) 2(に) 3(さん) 4(し/よん) 5(ご) 6(ろく) 7(しち/なな) 8(はち) 9(きゅう/く) 0(ぜろ/まる)

Tip
▶ 선생님이 자주 물어보는 질문
1. 학생의 생일은 몇 월 며칠입니까? 2. 오늘은 무슨 요일입니까? 3. 오늘은 몇 월 며칠입니까?

[답 각자 전화번호 말하기]

❹ ～は 何月何日ですか (~은/는 몇 월 며칠입니까?)

일상 생활에서 날짜를 얘기해야 하는 경우는 아주 많습니다.
앞에서 익힌 월과 날짜 읽는 방법을 잘 기억해서 대답해 봅시다.

문법 포인트

연습B_ 명사+조사   연습A_ 달력+조동사

私の誕生日 + は + 5月4日(がつよっか) / 5月8日(ようか) / 5月9日(ここのか) + です。

[해석] 제 생일은 5월4일입니다.
제 생일은 5월8일입니다.
제 생일은 5월9일입니다.

응용회화

1 あなたのお誕生日は何月何日ですか。 당신의 생일은 몇 월 며칠입니까?
   ➡ わたしの誕生日は五月八日です。 나의 생일은 5월 8일입니다.
   ➡ わたしの誕生日は①_____。 나의 생일은 ____입니다.

2 今日は 何月何日ですか。 오늘은 몇 월 며칠입니까?
   ➡ 今日は②_____です。 오늘은 ____입니다.
   ➡ 明日は③_____で、明後日は④_____です。 내일은 ____, 모레는 ____입니다.

Tip
▶각자 여러 번 반복 연습하여 선생님의 질문에 대비하자.

[답] ①각자 생일 ②오늘 날짜 ③내일 날짜 ④모레 날짜

실력 키우기 문제

1 다음 ( )에 들어갈 알맞은 ひらがな를 쓰세요.

1　これ　　　それ　　　（　　　）　　　どれ

2　この　　　その　　　（　　　）　　　どの

3　ここ　　　そこ　　　（　　　）　　　どこ

4　こちら　　（　　　）　あちら　　　どちら

5　こう　　　そう　　　（　　　）　　　どう

2 다음 보기 중 ( )에 들어갈 가장 알맞은 것을 고르세요.

보기　① の　　② では　　③ は　　④ どこ

1　A: これ（　　）かばんですか。
　　B: いいえ、それはかばん（　　）ありません。

2　A: この本は金さん（　　）ですか。
　　B: いいえ、その本は李さん（　　）です。

3　あなたの学校は（　　）ですか。

3 다음 일본어 문장을 우리말로 해석하세요.

1 ここはどこですか。 _____

2 ここは新村です。 _____

3 今日は月曜日です。 _____

4 私の家は新村です。 _____

5 勉強は午前から午後までです。 _____

4 다음 우리말을 일본어로 바꿔 보세요.

1 오늘은 月曜日입니다.
→ _____

2 지금 何時何分입니까?
→ _____

3 테스트는 언제부터 언제까지입니까?
→ _____

[**1** 1. あれ 2. あの 3. あそこ 4. そちら 5. ああ **2** 1. ③/② 2. ①/① 3. ④ **3** 1. 여기는 어디입니까? 2. 여기는 신촌입니다. 3. 오늘은 월요일입니다. 4. (저희)집은 신촌입니다. 5. 공부는 오전에서 오후까지입니다. **4** 1. 今日は月曜日です。 2. 今何時何分ですか。 3. テストはいつからいつまでですか。]

4 단계

형용사 (い형용사)

일본어 문법이 본격적으로 시작되는 과정입니다.
마음을 굳게 먹고 중요한 포인트를 놓치지 맙시다.
형용사란, 사물의 색깔이나 모양, 성질, 상태를 나타내는 말로서 활용을 합니다.
활용이란, 다른 단어와 이어질 때 기본형이 바뀌는 것을 말합니다.

1 기본 형용사 익히기

▶ 우선 15세트 〈①~⑮〉 30단어부터 외우세요.

❶ 暑い-寒い 덥다 / 춥다	厚い-薄い 두껍다 / 얇다	❷ 熱い-冷たい 뜨겁다 / 차다	❸ 赤い-青い 빨갛다 / 파랗다
❹ 軽い-重い 가볍다 / 무겁다	深い-浅い 깊다 / 얕다	良い-悪い 좋다 / 나쁘다	黄色い 노랗다
❺ 難しい-易しい 어렵다 / 쉽다	高い-低い 높다 / 낮다	❻ 高い-安い 비싸다 / 싸다	多い-少ない 많다 / 적다
楽しい-寂しい 즐겁다 / 쓸쓸하다	❼ 遅い-早い 늦다 / 이르다	❽ 新しい-古い 새롭다 / 낡다	❾ 近い-遠い 가깝다 / 멀다
おいしい-まずい 맛있다 / 맛없다	❿ 白い-黒い 희다 / 검다	⓫ 長い-短い 길다 / 짧다	⓬ 大きい-小さい 크다 / 작다
柔らかい-固い 부드럽다 / 딱딱하다	太い-細い 굵다 / 가늘다	⓭ 強い-弱い 강하다 / 약하다	⓮ 明るい-暗い 밝다 / 어둡다
暖かい-涼しい 따뜻하다 / 시원하다	嬉しい-悲しい 기쁘다 / 슬프다	甘い-辛い 달다 / 맵다	すごい 대단하다. 굉장하다
かわいい-憎い 귀엽다 / 밉다	⓯ 広い-狭い 넓다 / 좁다	詳しい 자세하다	惜しい 아깝다
面白い-つまらない 재미있다 / 지루하다	かったるい 나른하다	おかしい 이상하다	眠い 졸리다

형용사 부분은 일본어 문법이 본격적으로 시작되는 첫 단계이다.
형용사는 여기에 있는 60개 30세트, 이 정도면 기초는 충분하다.
형용사는 항상 세트로 암기하는 습관을 들이는 편이 좋다. 왜냐하면 세트로 나오는 표현이 많기 때문이다.

2 기본문형

❶ ～く なりました ～해졌습니다 〈い형용사의 상태변화〉

아직도 회화를 외워서 하나요?

형용사의 어미 「い」가 「く」로 바뀌었네요? 왜죠? 「なる」를 붙이기 위해서 바뀌었답니다. 우선 연습 A부터 익혀 보세요. 그리고 연습 B를 붙여서 이해하면 쉽게 정리됩니다.

문법 포인트

연습B_ 명사+조사   연습A_ 형용사+동사

❶ コーヒー
❷ 部屋(へや)   + が +   熱(あつ)く
❸ カバン   寒(さむ)く   + なりました。
                            小(ちい)さく

[해석] ❶ 커피가 뜨거워졌습니다.
❷ 방이 추워졌습니다.
❸ 가방이 작아졌습니다.

응용회화

1 この頃(ごろ)天気(てんき)はどうですか。 요즘 날씨는 어떻습니까?
   ➡ とても ①_____くなりました。 매우 추워졌습니다.

2 この頃日本語(にほんご)はどうですか。 요즘 일본어는 어떻습니까?
   ➡ とても ②_____くなりました。 매우 어려워졌습니다.

*とても 매우

▶ 형용사의 어미 「い」가 「く」로 바뀌고 「なる」가 붙은 형태이며, 여기서 「なる」는 다시 공손한 표현인 「なります」의 과거형 「なりました」로 변한 것이다.

예 熱い 뜨겁다 → 熱く 뜨거워/뜨겁게 → 熱くなる 뜨거워지다 → 熱くなります 뜨거워집니다 → 熱くなりました 뜨거워졌습니다

▶ 위의 ます형을 간단히 설명하면 다음과 같다.
ます 현재·미래 → ました 과거 → ません 부정 → ませんでした 과거 부정 → ましょう 의지·추측·권유

[답 ①さむ ②むずかし]

❷ ～くも ～くも ありません (～지도 ～지도 않습니다)

여기서는 형용사의 부정 표현과 함께 반대의 뜻을 열거하는 표현에 대해 공부해 보겠습니다.
앞에서 암기한 반대말과 짝지어진 형용사들이 많은 도움이 되겠죠? 꼭 함께 외워 두는 습관을 들이는 것이 중요하답니다.

문법 포인트

연습B 명사+조사		연습A 형용사+동사		
❶ 鉛筆(えんぴつ)		長(なが)くも	短(みじか)くも	
❷ りんご	は +	赤(あか)くも	青(あお)くも	+ ありません。
❸ カバン		大(おお)きくも	小(ちい)さくも	

[해석] ❶ 연필은 길지도 짧지도 않습니다.
❷ 사과는 빨갛지도 파랗지도 않습니다.
❸ 가방은 크지도 작지도 않습니다.

응용회화

1 あなたのカバンは大(おお)きいですか。 당신의 가방은 큽니까?
  ➡ はい、①_____。 네, 큽니다.
  ➡ いいえ、②_____くもありません。 아니요, 크지도 작지도 않습니다.

2 このりんごはおいしいですか。 이 사과는 맛있습니까?
  ➡ いいえ、③_____くもありません。 아니요, 맛있지도 맛없지도 않습니다.

▶ 형용사의 어미 「い」 → 「く」로 바꾸고 「も」가 붙어 서로 반대되는 형용사 두 개가 연결되었고, 뒤에 부정 표현 「ありません(아닙니다)」가 붙어 "～지도 ～지도 않습니다"가 되었다.

▶ **학습방법** 〔연습A〕를 먼저 이해하자. 즉, 문법부터 익히고 그 다음 〔연습B〕를 붙여서 문형을 만든다.
  몇 번 읽으면 금방 익혀질 것이다. 반복! 반복!

[답 ①大きいです ②大きくも小さ ③おいしくもまず]

❸ ~くてはいけません (~해서는 안 됩니다)

강한 금지를 나타내는 표현입니다. 그러나 이 표현은 정해진 문구나 강하게 주장할 경우에만 사용해야 하며, 일상 생활에서 아무에게나 말해서는 안 되는 표현이므로 주의가 필요합니다.

우선 연습A부터 두 번, 세 번 반복하여 익히세요. 그리고 연습B를 붙여 문형을 이해하도록 하세요.

문법 포인트

연습B_ 명사+조사   연습A_ 형용사+동사

❶ 鉛筆(えんぴつ)
❷ りんご   + は +   長(なが)くては
❸ カバン   高(たか)くては   + いけません。
                        重(おも)くては

[해석]
❶ 연필은 길어서는 안 됩니다.
❷ 사과는 비싸서는 안 됩니다.
❸ 가방은 무거워서는 안 됩니다.

응용회화

1 コーヒーは冷(つめ)たくてもいいですか。 커피는 차가워도 괜찮습니까?
 ➡ はい、①_____。 네, 차가워도 괜찮습니다.
 ➡ いいえ、②_____。 아니요, 차가워서는 안 됩니다.

2 部屋(へや)は狭(せま)くてもいいですか。 방은 좁아도 괜찮습니까?
 ➡ はい、③_____。 네, 좁아도 괜찮습니다.
 ➡ いいえ、④_____。 아니요, 좁아서는 안 됩니다.

▶ 이 표현은 강한 금지를 나타내는데, 일본인은 이러한 표현을 싫어한다. 특정하게 정해진 문구나 강하게 주장하는 상황이 아니라면 그 사용법에 주의가 필요한 표현임을 명심하자. 참고로, 보통의 금지를 표현하고자 할 때는 「~ないでください(~하지 마세요)」를 사용하는 편이 좋다.

[답 ① 冷たくてもいいです ② 冷たくてはいけません ③ 狭くてもいいです ④ 狭くてはいけません]

❹ ～は ～より ～く ありません (～은/는 ～보다 ～지 않습니다)

형용사의 여러 활용 중 여기에서는 비교를 나타내는 표현입니다.
꼭 필요한 문법 사항이므로 집중하세요.

문법 포인트

연습B_ 명사+조사

① りんごはぶどう
② 果物は魚
③ 英語は日本語

＋ より ＋

연습A_ 형용사+동사

高く
安く
易しく

＋ ありません。
(＝ないです。)

[해석] ① 사과는 포도보다 비싸지 않습니다.
② 과일은 생선보다 싸지 않습니다.
③ 영어는 일본어보다 쉽지 않습니다.

응용회화

1 りんごはぶどうより高いですか。 사과는 포도보다 비쌉니까?
　➡ はい、①_____。 네, 비쌉니다.
　➡ いいえ、②_____。 아니요, 비싸지 않습니다.

2 英語は日本語より易しいですか。 영어는 일본어보다 쉽습니까?
　➡ いいえ、日本語より ③_____。 아니요, 일본어보다 쉽지 않습니다.

▶ 형용사의 부정 표현은 아래와 같이 2가지가 있다.
　① ～く(は)ないです ② ～く(は)ありません
　※「く」뒤에「は(～지는)」를 쓰게 되면 강조의 의미가 되지만, 최근에는 쓰지 않는 것이 보통이다.

[답] ① 高いです ② 高くありません (＝ないです) ③ 易しくありません (＝ないです)

❺ ~は 형용사 + かったり + かったりします (~은/는 ~이기도하고 ~이기도 합니다)

「~たり~たりします」 표현은 형용사를 과거형으로 바꾸어 활용하는 단계의 표현입니다.

두 가지 상황을 동시에 나열할 때 사용하는 표현으로 쓰이며, 자주 사용하니까 꼭 알아두세요!

문법 포인트

연습B_ 명사+조사		연습A_ 형용사+동사		
❶ りんご		高(たか)かったり	安(やす)かったり	
❷ 天気(てんき)	は +	寒(さむ)かったり	暑(あつ)かったり	+ します。
❸ 料理(りょうり)		おいしかったり	まずかったり	

[해석]
❶ 사과는 비싸기도 하고 싸기도 합니다.
❷ 날씨는 춥기도 하고 덥기도 합니다.
❸ 요리는 맛있기도 하고 맛이 없기도 합니다.

응용회화

1 帰(かえ)りは早(はや)いですか。 귀가는 빠릅니까?
  ➡ はい、とても①_____。 네, 매우 빠릅니다.
  ➡ いいえ、早かったり ②_____かったりします。 아니요, 빠르기도 하고 늦기도 합니다.

2 この刺身(さしみ)は高(たか)いですか。それとも安(やす)いですか。 이 회는 비쌉니까? 아니면 쌉니까?
  ➡ この刺身は高かったり③_____。 이 회는 비싸기도 하고 싸기도 합니다.
  ➡ とても ④_____。 매우 비쌉니다.

✽帰り 귀가 / それとも 그렇지 않으면

▶ 「~たり~たりします」는 '~이기도 하고 ~이기도 합니다' 라는 뜻으로, 두 가지 상황을 동시에 나열할 때 사용하는 표현이다. 참고로, 「~たり~たりです」를 쓰기도 하므로 함께 기억해 두자.

[답 ① 早いです ② 遅 ③ 安かったりします ④ 高いです]

❻ ～て、형용사 + 명사 + です (~고 ~한 ~입니다)

앞 뒤 내용을 연결할 때 사용하는 형용사의 て형은 여러 활용으로 자주 쓰이는 표현입니다.
형용사의 て형과 함께 형용사가 뒤에 오는 명사를 수식할 때의 형태도 같이 익혀둡시다.

문법 포인트

연습B_ 명사+조사   연습A_ 형용사+동사

これ は +
赤くて、新しいカバンです。
細くて、安い鉛筆です。
安くて、おいしい料理です。

[해석] 이것은 빨갛고 새로운 가방입니다.
이것은 가늘고 싼 연필입니다.
이것은 싸고 맛있는 요리입니다.

응용회화

1 この小さくて薄い本は誰のですか。 이 작고 얇은 책은 누구의 것입니까?
   ➡ ①_____。 나의 것입니다.

2 この赤くて新しいカバンは誰のですか。 이 빨갛고 새로운 가방은 누구의 것입니까?
   ➡ ②_____です。 선생님의 것입니다.

✽ だれの 누구의. 누구의 것

▶ い형용사의 て형을 만드는 방법은 い형용사의 어미 「い」를 떼고 「～くて」를 붙이면 된다. 이때 뜻은 '～고, ～서'이다.
  예 おいしい＋安いパン → おいしくて安いパン 맛있고 값이 싼 빵

▶ い형용사가 뒤에 있는 명사를 수식할 때는 형태의 변화없이 그냥 형용사의 기본형이 그대로 붙으면 된다.
  예 高いカバン 비싼 가방

[답 ①私のです ②先生のです]

❼ ~かったです (~이었습니다)

형용사의 마지막 단계로 형용사의 과거 표현을 만드는 방법을 배우겠습니다.

과거형에는 여러 가지 활용 표현이 붙을 수 있으니까 알아두면 유용하답니다.

문법 포인트

연습B_ 명사+조사		연습A_ 형용사+동사	
❶ お金(かね)	は +	多(おお)かった	+ です。
❷ 人(ひと)		少(すく)なかった	
❸ 昨日(きのう)		寒(さむ)かった	

[해석] ❶ 돈은 많았습니다.
❷ 사람은 적었습니다.
❸ 어제는 추웠습니다.

응용회화

1 昨日(きのう)は寒(さむ)かったですか。 어제는 추웠습니까?

  ➡ はい、①_____。 네, 추웠습니다.

  ➡ いいえ、寒くありませんでした。 아니요, 춥지 않았습니다.

2 昨日の料理(りょうり)は高(たか)かったですか。 어제 요리는 비쌌습니까?

  ➡ はい、②_____。 네, 비쌌습니다.

  ➡ いいえ、③_____。 아니요, 비싸지 않았습니다.

3 昨日の映画(えいが)は面白(おもしろ)かったですか。 어제 본 영화는 재미있었습니까?

  ➡ いいえ、④_____。 아니요, 재미있지 않았습니다.

*映画 영화

▶ **형용사의 과거 표현**   어미 「い」를 떼고 「かった」를 붙이며, 정중한 과거 표현은 「かったです」를 붙이면 된다.
▶ **정중한 과거 부정 표현 2가지**   ①寒くありませんでした(춥지 않았습니다) ②寒くなかったです(춥지 않았습니다)

[답 ① 寒かったです ② 高かったです ③ 高くなかったです(=高くありませんでした)
④ 面白くなかったです(=面白くありませんでした)]

형용사 중요문형 정리

이 9가지는 반드시 외우고 넘어갑시다!

아래 표에서 가장 중요한 것은 바로 「て, た, たり」로 て형과 과거형입니다.
형용사의 활용형에서 가장 많이 쓰이는 부분이므로 반드시 익혀둡시다.

寒い →	① く なる → なります → なりました	~해지다 → 해집니다 → 해졌습니다
	② く ないです	~(이)지 않습니다
	③ く ありません + でした	~(이)지 않았습니다
	④ く ては いけません	~(해)서는 안 됩니다 (= だめです)
	⑤ く も ~ くも + ありません	~(이)지도 ~(이)지도 않습니다
	⑥ く て、	~고 / ~서
	⑦ かった + です	~이었습니다
	⑧ かったり + かったり します	~(이)기도 하고 ~(이)기도 합니다
	⑨ かったら	~했다면 / ~면 / ~거든

Tip

모든 い형용사는 「い」로 끝난다. 맨 끝의 「い」를 어미라고 하고, 나머지 부분을 어간이라고 한다.
활용할 때 변화하는 부분은 어미인 끝 부분의 「い」뿐이며, 특히 끝에 「い」가 「く」로 바뀌는 부분이 가장 중요하다.
참고로, 어미 「い」가 「く」나 「さ」로 바뀌어 부사 또는 명사화되는 경우도 있다. 아래의 내용을 살펴보자.

❶ 「遠く 먼 곳」, 「近く 가까운 곳」
  또한, 끝이 「さ・み・け」로 바뀌어 명사가 되는 경우도 있다.
  예 長さ 길이, 寒さ 추위, 寒け 오한, 楽しみ 즐거움, 重み 무게

❷ 어미 「い」가 변하여 연체사가 되는 경우도 있다.
  예 大きな声 큰 소리, 小さな家 작은 집

이렇게 다양한 변화가 있다는 것도 함께 알아두자.

확인학습

▶활용 연습을 실제로 해 보면서 기초를 확실히 다져두세요.

연습1_ ～なる

예 さむい	さむ**く**なる。추워지다.	さむ**く**なります。추워집니다.	さむ**く**なりました。추워졌습니다.	춥다
❶ あつい				덥다
❷ あかい				빨갛다

연습2_ ～くも ～くも ありません

예 おおきい・ちいさい	おおき**くも**ちいさ**くも**ありません。크지도 작지도 않습니다.	크다・작다
❶ ながい・みじかい		길다・짧다
❷ おおい・すくない		많다・적다〈양〉

연습3_ ～くてはいけません

예 たかい	たか**くては**いけません。비싸서는 안 됩니다. (=だめです。)	비싸다
❶ つめたい		차갑다
❷ おもい		무겁다

연습4_ ～く ありません

예 はやい	はや**く**ありません。빠르지 않습니다. (=はやくないです。)	빠르다
❶ やすい		(가격이) 싸다
❷ やさしい		쉽다

확인학습

연습 5 _ ～たり ～たりします

예 はやい・おそい	はや**かったり**おそ**かったり**します。 이르기도 하고 느리기도 합니다.	빠르다・느리다
❶ たかい・やすい		비싸다・싸다
❷ おおい・おおくない		많다・많지 않다

연습 6 _ 과거형

예 さむい	さむ**かった**。 추웠다.	さむ**かった**です。 추웠습니다.	춥다
❶ おおい			많다
❷ しろい			하얗다

정답
연습1) ① あつくなる・あつくなります・あつくなりました   ② あかくなる・あかくなります・あかくなりました
연습2) ① ながくも みじかくも ありません   ② おおくも すくなくも ありません
연습3) ① つめたくては いけません   ② おもくては いけません
연습4) ① やすく ありません   ② やさしく ありません
연습5) ① たかかったり やすかったりします   ② おおかったり おおくなかったりします
연습6) ① おおかった・おおかったです   ② しろかった・しろかったです

실력 키우기 문제

1 （　） 안에 알맞게 활용하여 쓰세요.

1　今日は寒いですか。➡ いいえ、（　　　　　　　　　）。

2　りんごはおいしいですか。➡ はい、（　　　　　　　　　）。

3　昨日は寒かったですか。➡ いいえ、昨日は（　　　　　　　　）です。

4　昨日は寒くも（暑い➡　　　　　　　　　）ありませんでした。

2 다음 （　） 안에서 알맞은 것을 고르세요.

1　冬は風が（①早い　②寒い　③冷たい）ですね。

2　あなたの部屋は（①狭い　②重い　③細い　④長い）ですが明るいです。

3　英語は難し（①て　②くて　③い　④で）日本語は簡単です。

4　これは（①新しい　②新しく　③新しいの　④新しいな）本です。

＊～が ~지만 / 部屋 방

3 다음 밑줄 친 단어를 히라가나는 한자로, 한자는 히라가나로 쓰세요.

1 東に<u>長い</u>川があります。 동쪽에 긴 강이 있습니다.
   (   )

2 あなたの部屋は<u>狭い</u>ですが、<u>あかるい</u>です。 당신의 방은 좁지만, 밝습니다.
        (   )   (   )

3 昨日の天気は<u>さむかった</u>です。 어제 날씨는 추웠습니다.
         (   )

4 다음 우리말을 일본어로 바꿔 보세요.

1 사과는 비싸기도 하고 싸기도 합니다.
   → _____

2 이것은 빨갛고 새로운 가방입니다.
   → _____

3 사람은 적었습니다.
   → _____

4 가방은 무거워서는 안 됩니다.
   → _____

[**정답** **1** 1. 寒くありません 2. おいしいです 3. 寒くなかった 4. 暑くも **2** 1. ③ 2. ① 3. ② 4. ①
3 1. ながい 2. せまい / 明るい 3. 寒かった
4 1. りんごは高かったり安かったりします。 2. これは赤くて新しいカバンです。 3. 人は少なかったです。
4. カバンは重くてはいけません。]

5 단계

형용동사 (な형용사)

형용동사는 な형용사라고도 하며, 기본형이 「だ」로 끝나고 보통 「한자＋だ」의 형태로 되어 있습니다. 또 하나의 특징은 명사와 아주 비슷하다는 점입니다.
형용동사(な형용사)는 왜 한자로 되어 있나요?
네, 형용동사의 부족함을 중국한자 가운데서 보충했기 때문에 한자로 되어있다고 합니다.
자, 이제 형용동사에 대해 자세히 살펴 볼까요?

1 기본 형용동사 익히기

▶ 진짜 한자로 되어 있네요. 하지만 전부 형용사의 의미를 가지고 있는 단어들입니다.

1. 순수한 형용동사 – 먼저 번호가 붙어 있는 15개부터 익히자!

❶ きれい 예쁜	にぎ 賑やか 번화함	しず 静か 조용함	❷ げんき 元気 건강함	まじめ 真面目 성실함	❸ じょうず 上手 능숙함	きゅう 急 급함
びんぼう 貧乏 가난함	あき 明らか 분명함	いっぱい 一杯 가득함	❹ ひま 暇 한가함	❺ へた 下手 서투름	ゆた 豊か 풍부함	やわ 柔らか 부드러움
❻ しあわ 幸せ 행복함	りっぱ 立派 훌륭함	いや 싫음	さか 盛ん 번성함	いろいろ 色々 여러 가지	だいじょうぶ 大丈夫 괜찮음	❼ たいせつ 大切 소중함
けっこう 結構 괜찮음	ふしぎ 不思議 이상함	❽ たいへん 大変 큰일임	だいじ 大事 중요함	はで 派手 화려함	ハンサム 핸섬함	

2. 한자어에 의한 형용동사

ぶじ 無事 무사함	❾ しんせつ 親切 친절함	❿ ふべん 不便 불편함	きちょう 貴重 귀중함	へいわ 平和 평화로움	むり 無理 무리	あんぜん 安全 안전함
⓫ べんり 便利 편리함	⓬ じゅうよう 重要 중요함	⓭ ゆうめい 有名 유명함	ひつよう 必要 필요함	⓮ かんたん 簡単 간단함	⓯ あいまい 曖昧 애매함	じゅうぶん 十分 충분함

3. 的가 붙는 형용동사

けいざいてき 経済的 경제적	へんそくてき 変則的 변칙적	きそくてき 規則的 규칙적	かがくてき 科学的 과학적	でんとうてき 伝統的 전통적	せっきょくてき 積極的 적극적	ぶんかてき 文化的 문화적

4. 특수 형용동사

おな 同じ+だ 같다	こんな+だ 이렇다

▶ 형용동사는 형용사(い형용사)와 마찬가지로 사물의 성질, 상태를 나타내는 말로서 な형용사라고도 부른다. 조동사「だ」의 변화를 잘 익히면 명사는 물론 형용동사까지 한꺼번에 이해할 수 있다. **예** 好きだ / 先生だ
모든 형용동사 뒤에 조동사「だ」를 결합시키면 '~하다'의 뜻이 된다.

▶ **명사와 형용동사 구분요령**
'~하다'와 '~이다'를 붙여 보면 명사와 형용동사의 구분이 가능해진다. **예** 신촌+이다 〈명사〉 / 건강+하다 〈형용동사〉

2 기본문형

❶ ～な 人(ひと)ですか (~한 사람입니까?)

형용동사에 명사 붙이는 방법 아세요? 간단해요!
형용동사의 어미「だ」→「な」로 바꿔서 명사를 붙이면 됩니다. 좀 더 효과적으로 공부하려면 3마리 토끼를 한번에 잡는 법 꼭 확인하세요!

문법 포인트

연습B_ 명사+조사		연습A_ 형용동사+조동사	
❶ 母(はは)		親切(しんせつ)な人(ひと)	
❷ 父(ちち)	は +	暇(ひま)な人	+ です。
❸ 私(わたし)		犬(いぬ)が好(す)きな人	

[해석] ❶ 엄마는 친절한 사람입니다.
❷ 아빠는 한가한 사람입니다.
❸ 나는 개를 좋아하는 사람입니다.

응용회화

1 田中(たなか)さんはどんな人(ひと)ですか。 다나카 씨는 어떤 사람입니까?
   ➡ 田中さんは親切(しんせつ)な人です。 다나카 씨는 친절한 사람입니다.

2 あなたは犬(いぬ)が好(す)きな人ですか。それとも、嫌(きら)いな人ですか。
   당신은 개를 좋아하는 사람입니까? 아니면 싫어하는 사람입니까?

   ➡ わたしは犬が好きです。 나는 개를 좋아합니다.

＊それとも 그렇지 않으면

▶ 형용동사가 뒤의 명사를 수식할 때는 어미「だ」를「な」로 바꾸고 명사를 붙여주면 된다.
▶「が」조사와 호응하는 단어 (희망·감정·감각·가능 표현)
  ① すき ② きらい ③ じょうず ④ へた ⑤ わかる ⑥ ほしい ⑦ ～たい ⑧ できる
▶ 3마리 토끼를 한 번에 잡는 법
  1) 형용사 2) 형용동사 3) 명사를 한꺼번에 생각해내는 것이다. 형용사에 붙이는 조동사를 형용동사나 명사에 함께 붙여 보는 연습을 해 보자.
  예 人를 붙여 보자! → ① つめたい → つめたい人 ② 好きだ → 好きな人 ③ 신촌 → 신촌의 人
  이렇게 하면 3마리 토끼를 한 번에 잡게 된다. 고생은 조금 되겠지만 결과는 만족스러울 것이다.

5단계 형용동사

❷ ～ではありません (~지 않습니다)

형용동사의 부정 표현은 어미 「だ」를 뗀 어간에 「～ではありません」을 붙이면 됩니다.
역시 형용사와 명사까지 함께 기억해서 외워두세요!

문법 포인트

연습B_ 명사+조사		연습A_ 형용동사+동사	
❶ 朴さん		暇では(じゃ)	
❷ 友達	は +	静かでは(じゃ)	+ ありません。 (= ないです。)
❸ 金さん		親切では(じゃ)	

[해석] ❶ 박 씨는 한가하지 않습니다.
❷ 친구는 조용하지 않습니다.
❸ 김 씨는 친절하지 않습니다.

응용회화

1 金さんは親切ですか。 김 씨는 친절합니까?
　➡ はい、親切です。 네, 친절합니다.
　➡ いいえ、親切ではありません。 아니요, 친절하지 않습니다.

2 彼女はきれいですか。 그녀는 예쁩니까?
　➡ はい、とてもきれいです。 네, 굉장히 예쁩니다.
　➡ いいえ、きれいではありません。 아니요, 예쁘지 않습니다.

▶ 형용동사의 어미 「だ」를 뗀 어간에 「～ではありません」을 붙이면 형용동사의 부정 표현이 된다. 또는 「～じゃないです」를 붙일 수도 있다.
▶ 「では」는 「じゃ」와 같은 뜻이다. 「じゃ」는 「では」의 축약형이라고도 하며, 특히 회화체에 많이 쓰인다.

❸ ～に なりました (~이/가 되었습니다)

> 형용동사의 상태변화를 나타내는 「～になりました」 표현은 い형용사의 「～くなりました」와 연결하여 익혀 보세요!

문법 포인트

연습B_ 명사+조사   연습A_ 형용동사+になる

日本語(にほんご) が + 上手(じょうず)に / 好(す)きに / 嫌(きら)いに + なりました。

[해석] 일본어를 잘하게 되었습니다.
일본어를 좋아하게 되었습니다.
일본어를 싫어하게 되었습니다.

응용회화

1 元気(げんき)ですか。 건강합니까?
 ➡ はい、とても ①_____。 네, 매우 건강해졌습니다.
 ➡ いいえ、元気ではありません。 아니요, 건강하지 않습니다.

2 あなたはラーメンが好きですか。 당신은 라면을 좋아합니까?
 ➡ はい、とても好きです。 네, 매우 좋아합니다.
 ➡ いいえ、②_____。 아니요, 좋아하지 않습니다.

▶ 형용동사의 어미 「だ」를 떼고 「～になる」를 붙이면 '~이/가 되다'라는 뜻의 상태변화를 나타낸다. 이때 「～になる」의 정중한 과거 표현은 「～になりました」가 된다.

※여기에서 중요한 것은 위의 포인트 문법에 나온 형용동사 앞에는 조사 「を」가 올 수 없고, 반드시 조사 「が」가 와야 하며 해석은 '을/를'로 한다는 점이다. 「すきだ」 외에도 조사 「が」로 호응하는 표현에는 아래의 8가지가 있다. 꼭 암기해 두자.
① 好き ② 嫌い ③ 上手 ④ 下手 ⑤ ほしい ⑥ できる ⑦ ～たい ⑧ わかる

[답 ① 元気になりました ② 好きではありません]

❹ ～ではありませんでした (~지 않았습니다)

형용사의 과거 부정 표현을 배워 볼까요?

앞에서 배운 「～ではありません(~지 않습니다)」의 과거 부정 표현으로, 이 표현 외에도 「～なかったです」를 쓸 수도 있습니다.

문법 포인트

연습B _ 명사+조사		연습A 형용동사+동사	
❶ 日本語(にほんご)		上手(じょうず)では(じゃ)	
❷ 野球(やきゅう)	は +	好(す)きでは(じゃ)	+ ありませんでした。 (＝なかったです。)
❸ 彼(かれ)		元気(げんき)では(じゃ)	

[해석] ❶ 일본어는 능숙하지 않았습니다.
❷ 야구는 좋아하지 않았습니다.
❸ 그는 건강하지 않았습니다.

응용회화

1 昔(むかし)、あなたは日本語(にほんご)が上手(じょうず)でしたか。 옛날에 당신은 일본어를 잘했습니까?

　➡ はい、上手でした。 네, 잘했습니다.

　➡ いいえ、①_____。 아니요, 잘하지 못했습니다.

2 金さんは元気(げんき)でしたか。 김 씨는 건강했습니까?

　➡ はい、元気でした。 네, 건강했습니다.

　➡ いいえ、②_____。 아니요, 건강하지 않았습니다.

▶ 형용동사의 정중한 과거 부정 표현은 어미 「だ」를 떼고 「～では (じゃ) ありませんでした(~지 않았습니다)」를 붙이면 된다. 또는 「～じゃなかったです」를 붙이기도 한다.

[답 ① 上手ではありませんでした(＝じゃなかったです) ② 元気ではありませんでした(＝じゃなかったです)]

❺ ～で、～な 人です (～하고, ～한 사람입니다)

여기서는 형용동사의 연결형에 대해 학습해 보겠습니다.
형용동사는 앞뒤 내용을 연결할 때 「～で」를 이용하여 나타냅니다.

문법 포인트

연습B_ 명사+조사		연습A_ 형용동사+で+명사+です
❶ 母(はは)		きれいで、親切(しんせつ)な 人(ひと)です。
❷ 父(ちち)	は +	暇(ひま)で、旅行(りょこう)が 好(す)きな 人です。
❸ 彼(かれ)		お金持(かねも)ちで、優(やさ)しい 人です。

[해석] ❶ 어머니는 예쁘고, 친절한 사람입니다.
❷ 아버지는 한가하고, 여행을 좋아하는 사람입니다.
❸ 그는 부자이고, 상냥한 사람입니다.

응용회화

1 彼(かれ)は どんな 人(ひと)ですか。 그는 어떤 사람입니까?
  ➡ ① _____、遊(あそ)びが 大好(だいす)きな 人です。 잘생겼고, 놀기를 매우 좋아하는 사람입니다.

2 彼女(かのじょ)は どんな 人ですか。 그녀는 어떤 사람입니까?
  ➡ ② _____、勉強(べんきょう)が 大好きな 人です。 예쁘고, 공부를 매우 좋아하는 사람입니다.

▶ 형용동사의 어미 「だ」를 떼고 어간에 「で」를 붙이면 '～고, ～서'라는 뜻을 나타내는 연결형 표현이 된다. 또한, 형용동사가 뒤에 오는 명사를 수식할 때는 어미 「だ」가 「な」로 변한다는 것을 알아두자.

[답 ① ハンサムで ② きれいで]

❻ 형용동사＋だったり＋だったりします (~(이)기도 하고 ~(이)기도 합니다)

형용사와 어딘가 닮은 점이 보이나요?

네! 잘 보셨습니다. 형용사는 「~かったり」가 접속되지만, 형용동사는 「~だったり」가 붙습니다. 명사도 「~だったり」라는 것 아시죠?

문법 포인트

연습B_ 명사+조사		연습A_ 형용동사+동사		
❶ お酒(さけ)		好(す)きだったり	嫌(きら)いだったり	
❷ 運転(うんてん)	は +	上手(じょうず)だったり	下手(へた)だったり	+ します。
❸ 日曜日(にちようび)		暇(ひま)だったり	暇ではなかったり	

[해석] ❶ 술은 좋아하기도 하고 싫어하기도 합니다.
❷ 운전은 잘하기도 하고 서툴기도 합니다.
❸ 일요일은 한가하기도 하고 한가하지 않기도 합니다.

응용회화

1 あなたは彼(かれ)が好(す)きですか。 당신은 그를 좋아합니까?
   ➡ はい、とても①_____。 네, 매우 좋아합니다.
   ➡ いいえ、好きだったり②_____だったりします。 아니요, 좋아하기도 하고 싫어하기도 합니다.

2 あなたは明日(あした)暇(ひま)ですか。 당신은 내일 한가합니까?
   ➡ はい、暇です。 네, 한가합니다.
   ➡ いいえ、暇だったり③_____ではなかったりします。
      아니요, 한가하기도 하고 한가하지 않기도 합니다.

▶ 형용동사에 「~たり ~たりします」를 붙이면 '~(이)기도 하고 ~(이)기도 합니다'라는 뜻으로 상황을 열거할 때나 반대되는 내용을 나타낼 때 사용하는 표현입니다.

[답 ① 好きです ② 嫌い ③ 暇]

❼ ～の中で ～が 一番好きですか (～중에서 ～을/를 가장 좋아합니까?)

자신이 가장 좋아하는 것을 나타내는 최상급의 표현에 대해 배워 볼까요?

앞에서도 나왔지만 형용동사「すきだ」는 앞에 조사「が」와 호응한다는 것, 기억해 두세요!

문법 포인트

연습B_ 명사+조사		연습A_ 형용동사+동사

❶ 花の
❷ 果物の + 中で + 桜が / ももが / 犬が + (一番)好きです。
❸ 動物の

[해석] ❶ 꽃 중에서 벚꽃을 (가장) 좋아합니다.
❷ 과일 중에서 복숭아를 (가장) 좋아합니다.
❸ 동물 중에서 개를 (가장) 좋아합니다.

응용회화

1 果物の中で何が一番好きですか。 과일 중에서 무엇을 가장 좋아합니까?
　➡ ぶどうが一番好きです。 포도를 제일 좋아합니다.

2 動物の中で何が一番好きですか。 동물 중에서 무엇을 가장 좋아합니까?
　➡ ねこが一番好きです。 고양이를 가장 좋아합니다.

▶ 특히 여기서 중요한 것은 「～が 好きです(～을(를) 좋아합니다)」에서 「好き」 앞에 쓰인 조사가 「が」라는 점이다. 이때 조사는 '을(를)'로 해석된다.

▶ 年〈띠〉→ ① 자 ② 축 ③ 인 ④ 묘 ⑤ 진 ⑥ 사 ⑦ 오 ⑧ 미 ⑨ 신 ⑩ 유 ⑪ 술 ⑫ 해
　이것을 일본어로 하면 다음과 같다.
　→ ① 鼠(쥐) / ② 牛(소) / ③ 虎(호랑이) / ④ 兎(토끼) / ⑤ 龍(용) / ⑥ 蛇(뱀) / ⑦ 馬(말) / ⑧ 羊(양) / ⑨ 猿(원숭이) /
　　⑩ 鳥(닭) / ⑪ 犬(개) / ⑫ 猪(멧돼지)〈豚〉
　※일본에서는 동물 중에 돼지띠를 「いのしし(멧돼지)」라고 한다.

형용동사 중요문형 정리

앞에서 나온 형용동사 중요문법은 반드시 외우고 넘어가자!
활용형 부분이 어떻게 바뀌어 접속되는지 다시 한번 정리해서 머릿속에 담아두세요.

┌ 好きだ →	① に なる → なります → なりました	~해지다 → 해집니다 → 해졌습니다
└ 先生だ →	② では ないです	~(이)지 않습니다
	③ では ありません + でした	~(이)지 않았습니다
	④ に なっては いけません	~서는 안 됩니다
	⑤ でも ~でも + ありません	~(이)지도 ~(이)지도 않습니다
	⑥ で、	~고 / ~서
	⑦ だった + です = でした	~이었습니다
	⑧ だったり + だったり します	~(이)기도 하고 ~(이)기도 합니다
	⑨ だったら	~했다면 / ~면 / ~거든

확인학습

연습 1_ 명사 수식형

예 有名+だ	有名な人 유명한 사람	有名な人です。 유명한 사람입니다.	有名な人でした。 유명한 사람이었습니다.	유명하다
❶ 親切+だ				친절하다
❷ 犬が好き+だ				개를 좋아한다

연습 2_ 부정형 만들기

예 親切+だ	親切では(じゃ)ありません。 친절하지 않습니다. (＝親切じゃないです。)	친절하다
❶ ひま+だ		한가하다
❷ きれい+だ		예쁘다

연습 3_ なる 붙이기

예 きらい+だ	きらいになる。 싫어하게 되다.	きらいになります。 싫어하게 됩니다.	きらいになりました。 싫어하게 되었습니다.	싫어하다
❶ 上手+だ				능숙하다
❷ 好き+だ				좋아하다

확인학습

연습 4_ 과거 부정 표현 만들기

예	重要+だ	重要では(じゃ) ありません+でした。 중요하지 않았습니다. (＝重要じゃなかったです。)	중요하다
❶	上手+だ		능숙하다
❷	必要+だ		필요하다

> **확인학습 정답**
> 연습1) ① 親切な人・親切な人です・親切な人でした
>   ② 犬が好きな人・犬が好きな人です・犬が好きな人でした
> 연습2) ① ひまではありません(＝ひまじゃないです)
>   ② きれいではありません(＝きれいじゃないです)
> 연습3) ① 上手になる・上手になります・上手になりました
>   ② 好きになる・好きになります・好きになりました
> 연습4) ① 上手ではありませんでした(＝上手じゃなかったです)
>   ② 必要ではありませんでした(＝必要じゃなかったです)

실력 키우기 문제

1 다음 ( )안에 들어갈 말로 알맞은 것을 보기에서 골라 쓰세요.

① で ② に ③ の ④ では(じゃ) ⑤ な ⑥ も ⑦ が

1 新村は静か（　　　）町です。

2 A：店員は親切ですか。
   B：いいえ、親切（　　　）ありません。

3 A：あなたはりんご（　　　）好きですか。
   B：わたしはりんご（　　　）大好きです。

＊町 마을

2 다음 ( )안에서 알맞은 것을 고르세요.

1 あの人は (① 親切で ② 親切だ ③ 親切な) 人です。

2 地下鉄は (① 便利だ ② 便利な ③ 便利で)、速いです。

3 あなたは親切 (① じゃ ② の ③ に ④ も) ないです。

3 다음 밑줄 친 부분에 들어갈 말이 있는 경우에는 の 또는 な 중 하나를 고르고, 들어갈 말이 없는 경우는 ×표를 하세요.

> 예 好き(な)人

1 友達＿＿誕生日   2 元気＿＿人

3 大切＿＿お金   4 有名＿＿本

5 面白い＿＿映画   6 休み＿＿日

7 今日＿＿新聞   8 寒い＿＿日

9 ハンサム＿＿人   10 きれい＿＿花

11 静か＿＿部屋   12 学校＿＿椅子

13 簡単＿＿日本語   14 嫌い＿＿食べ物

15 私＿＿友達＿＿おかあさん

[**1** 1.⑤ 2.④ 3.⑦/⑦ **2** 1.③ 2.③ 3.① **3** 1.の 2.な 3.な 4.な 5.× 6.の 7.の 8.× 9.な 10.な 11.な 12.の 13.な 14.な 15.の,の]

Tip

형용사・형용동사・명사 구별법

뒤에 「だ」를 붙여서 ① ～이다 → 명사   예 사과+이다 / 하다
　　　　　　　　② ～하다 → 형용동사   예 簡単+하다 / 이다
　　　　　　　　③ 끝이 「い」 → 형용사

명사가 붙을 때 ① 형용사 (×) 명사 ② 형용동사 (な) 명사 ③ 명사 (の) 명사
　　　　　　　예 つめたい人   好きな人   新村の人

6 단계

동사

동사 활용에 오신 것을 환영합니다.
그동안 배웠던 형용사・형용동사 그리고 숫자읽기를 왕초보 단계라고 합니다.
여기부터는 동사 활용입니다. 조동사가 주인공이 되는 과정입니다.
동사는 사물의 움직임을 표현한다고 해서 붙여진 이름입니다.
사람들은 동사 공부를 울면서 시작하는 일본어라고도합니다.
동사는 선생님들의 도움이 절대적으로 필요한 부분이기도 합니다.
처음부터 크게 욕심내지 마시고 차근차근 하나하나 재미를 붙여 익혀간다면
여러분이 원하는 그 정상에 곧 오를 것이라고 확신합니다.

1 기본 동사 익히기

▶ 우선 12개 단어부터 외우세요.

❶ はなす 이야기하다	❷ たべる 먹다	❸ のむ 마시다	❹ みる 보다	❺ ある 있다	❻ くる 오다
❼ する 하다	❽ しぬ 죽다	❾ あう 만나다	❿ よぶ 부르다	⑪ まつ 기다리다	⑫ かく 쓰다

◆ 동사 구분

종류1	구분요령	종류2	종류3	종류4
5단 동사	동사의 끝이 る가 아닌 것과 상·하1단이 아닌 것	1그룹	5단	5단
상1단 동사	상·하1단은 반드시 끝이 る로 끝나며, る앞이 い단이면 → 상1단 / え단이면 → 하1단 이 된다.	2그룹	1단	い단
하1단 동사				え단
サ행 변격	する(하다) 하나뿐	3그룹	변격동사	불규칙
カ행 변격	くる(오다) 하나뿐			

◆ 동사 구분 연습

〈동사〉	구분	〈동사〉	구분	〈동사〉	구분	〈동사〉	구분	〈동사〉	구분
①おしえる		④たおれる		⑦はらう		⑩ふる		⑬する	
②いく		⑤なく		⑧ほめる		⑪つくる		⑭くる	
③おどる		⑥あるく		⑨みる		⑫えらぶ		⑮こまる	

▶ 동사 구분 요령 → 우선 동사 끝이 る인지, 아닌지를 먼저 보라!
 1. る가 아니면 〔무조건 5단 (1그룹 동사)〕
 2. る이면 る 앞에 오는 글자를 따져서 〔い단은 상1단 / え단은 하1단 동사 (2그룹 동사)〕
 3. る이면서 る 이전에 오는 글자가 い단이나 え단의 글자가 아닌 경우는 모두 5단 동사에 속한다. 단, 예외 동사도 있다.
▶ 3그룹 동사 〔サ행 변격 동사〕는 「する (하다)」 하나뿐이다.
  3그룹 동사 〔カ행 변격 동사〕는 「くる (오다)」 하나뿐이다.

[답 ① 하1단 동사 ② 5단 동사 ③ 5단 동사 ④ 하1단 동사 ⑤ 5단 동사 ⑥ 5단 동사 ⑦ 5단 동사 ⑧ 하1단 동사 ⑨ 상1단 동사 ⑩ 5단 동사 ⑪ 5단 동사 ⑫ 5단 동사 ⑬ サ행 변격 동사 ⑭ カ행 변격 동사 ⑮ 5단 동사]

2 기본문형

❶ ～は ～ます (～은/는 ～합니다)

이제 동사의 가장 기본문형 「～は～ます(～은/는 ～합니다)」에 대해 살펴볼까요?
동사의 ます형은 '～합니다'라는 뜻으로, 기본형의 정중한 표현을 말합니다.

문법 포인트

연습B_ 명사+조사		연습A_ 동사+ます	
❶ 私(わたし)		ご飯(はん)を食(た)べる	食べます。
❷ 先生(せんせい)	は +	日本語(にほんご)を教(おし)える	教えます。
❸ 彼女(かのじょ)		コーヒーを飲(の)む	飲みます。

[해석] ❶ 나는 밥을 먹습니다.
❷ 선생님은 일본어를 가르칩니다.
❸ 그녀는 커피를 마십니다.

응용회화

1 あなたは 何(なに)を (する→) しますか。 당신은 무엇을 합니까?
  ➡ 私(わたし)はコーヒーを (飲(の)む→) 飲みます。 나는 커피를 마십니다.
  ➡ 私はパンを食(た)べます。 나는 빵을 먹습니다.

2 昨日(きのう)テレビを (見(み)る→) 見ましたか。 어제 텔레비전을 보았습니까?
  ➡ はい、見ました。 네, 보았습니다.
  ➡ いいえ、①_____。 아니요, 보지 않았습니다.

▶ 동사의 ます형 만들기
  ①5단 동사(1그룹 동사)는 동사의 끝음을 い단으로 바꾸고 ます를 붙이면 된다. 예 のむ → のみます / かく → かきます
  ②상·하단 동사(2그룹 동사)는 끝에 る를 떼고 붙인다. 예 みる → みます
  ③변격 동사는 「くる / する」두 개뿐이다. 예 くる → きます / する → します

▶ 동사 ます형의 여러 형태
  ①～ました (～했습니다) 〈정중한 과거〉   ②～ません (～하지 않습니다) 〈정중한 부정〉
  ③～ませんでした (～하지 않았습니다) 〈정중한 과거 부정〉   ④～ましょう (～합시다) 〈의지·추측·권유〉

[답 ① 見ませんでした(=見なかったです)]

❷ ～たい/～たがる (～하고 싶다 / ～하고 싶어하다)

1인칭과 2인칭의 희망을 나타내는 표현과 3인칭의 희망을 나타내는 표현이 어떻게 다른지 살펴 봅시다.

「～たい(～하고 싶다)」는 1인칭과 2인칭의 희망을 나타내고, 「～たがる」는 3인칭의 희망을 나타냅니다.

문법 포인트

연습B_ 명사+조사		연습A_ 동사+たい/たがる	
❶ 私(わたし)		映画(えいが)が(を)見(み)る	見たいです。
❷ 私 は +		ビールが(を)飲(の)む	飲みたいです。
❸ 彼女(かのじょ)		公園(こうえん)へ行(い)く	行きたがります。

[해석] ❶ 나는 영화를 보고 싶습니다.
❷ 나는 맥주를 마시고 싶습니다.
❸ 그녀는 공원에 가고 싶어합니다.

응용회화

1 あなたは何(なに)が（食(た)べる→）食(た)べたいですか。 당신은 무엇을 먹고 싶습니까?
　➡ 私(わたし)はりんごが ①_____。 나는 사과를 먹고 싶습니다.
　➡ 私はぶどうが ②_____。 나는 포도를 먹고 싶습니다.

2 彼女(かのじょ)は何を（食べる→）食べたがりますか。 그녀는 무엇을 먹고 싶어합니까?
　➡ 彼女はりんごを（食べる→）③_____。
　　그녀는 사과를 먹고 싶어합니다.
　➡ 彼女はパンを（食べる→）④_____。
　　그녀는 빵을 먹고 싶어합니다.

▶「～たい」와「～たがる」는 쌍둥이!
「～たい」와 「～たがる」도 동사의 ます형에 붙는다. 즉, ます 대신에 붙을 수 있다고 생각하면 된다.
1)「～たい」는 '～하고 싶다'는 뜻으로 1인칭(나)과 2인칭(당신)의 희망을 나타낸다.
2)「～たがる」는 '～하고 싶어하다'라는 뜻으로 3인칭의 희망을 나타낸다.
　「～たがる」는 [たい]+がる에서「～たがる」로 된 것이다.
　「～がる」는 형용사의 어간에 붙어 3인칭 표현을 나타낸다. 예 さむい 춥다 → さむがる 추워하다
　※「～ほしがる」는 조사「が」가 아닌「を」를 써서「～をほしがる(～을/를 원하다)」로 쓰인다.

[답] ① 食べたいです ② 食べたいです ③ 食べたがります ④ 食べたがります

❸ ～たり ～たりします (～하기도 하고 ～하기도 합니다)

이제는 여러 활용 표현 중 동사의 て형과 た형에 대해 공부해 봅시다.

「～たり～たりします(～하기도 하고 ～하기도 합니다)」는 행동의 나열을 나타내는 표현으로, 동사의 た형에 접속됩니다.

문법 포인트

연습B_ 동사+たり		연습A_ 동사+たり+します	
❶ 勉強する	したり	テレビを見る	見たりします。
❷ コーヒーを飲む	飲んだり	パンを食べる	食べたりします。
❸ 映画を見る	見たり	音楽を聞く	聞いたりします。

[해석] ❶ 공부하기도 하고 텔레비전을 보기도 합니다.
❷ 커피를 마시기도 하고 빵을 먹기도 합니다.
❸ 영화를 보기도 하고 음악을 듣기도 합니다.

응용회화

1 あなたは朴さんと日曜日に何を（する→）しましたか。 당신은 박 씨와 일요일에 무엇을 했습니까?

➡ テレビを（見る→）①_____ コーヒーを（飲む→）②_____ しました。
　텔레비전을 보기도 하고 커피를 마시기도 했습니다.

➡ お酒を（飲む→）③_____ 旅行を（する→）④_____ しました。
　술을 마시기도 하고 여행을 하기도 했습니다.

▶ て형・た형 변화 : 아래 음편은 5단 동사에만 있는 특별한 코스이다. 열심히 연습하여 완벽하게 숙달하도록 하자!
많은 학생들이 안일하게 생각하고 외우다 중간에 포기하는 일이 많은데 절대 이곳에서 낙오되지 않도록 명심 또 명심하기를 바란다.

か	は	の	し	よ	あ	ま	あ	い
く	な	む	ぬ	ぶ	ふ	つ	る	く
	す							예외
↓	↓	↓	↓	↓	↓	↓	↓	↓
い	し		ん			っ		っ
		て(で) / た(だ)						

▶ 손뼉치고 노래로 〈음편 암기하기〉

방법1) →「く」는 →「いて」「す」는 →「して」「む・ぬ・ぶ」는 →「んで」「う・つ・る」는 →「って」「いく」는 → 예외로「って」이다.

방법2) → 생선〈구이〉「く→い」초밥〈스시〉「す→し」쓰기 어려운 글자「む・ぬ・ぶ」는 →「ん」나머지「っ」입니다.

※상단/하단 동사의 て형은「る」를 떼고「て」를 붙이며, サ행 변격 동사「する」는「して」, カ행 변격 동사「くる」는「きて」가 된다.

[답 ① 見たり ② 飲んだり ③ 飲んだり ④ したり]

❹ ~によると ~そうです (~에 의하면 ~라고 합니다)

이제는 「~そうです」라는 표현에 대해 알아볼까요? 「~そうです」는 '~할 것 같습니다'라는 양태의 의미와 '~라고 합니다'라는 전문을 나타내는 두 가지 의미로 사용됩니다.
여기서는 전문을 나타내는 「~そうです」를 공부해 봅시다!

문법 포인트

연습B 명사+조사		연습A 동사+そうです	
① 先輩（せんぱい） ② 新聞（しんぶん） ③ 天気予報（てんきよほう）	によると +	明日は試験がある 明日は寒くなる 明日は雪が降る	+ そうです。

[해석] ❶ 선배에 의하면 내일은 시험이 있다고 합니다.
❷ 신문에 의하면 내일은 추워진다고 합니다.
❸ 날씨예보에 의하면 내일은 눈이 내린다고 합니다.

응용회화

1 明日の天気は どうなるでしょうか。 내일 날씨는 어떻게 될까요?
 ➡ テレビによるとあまり（さむい→）①_____。
   텔레비전에 의하면 별로 춥지 않다고 합니다.

2 夏休みはいつからいつまでですか。 여름방학은 언제부터 언제까지입니까?
 ➡ 先生によると②_____。 선생님에 의하면 내일부터 8월 25일까지라고 합니다.

3 田中さんはいつ結婚しますか。 다나카 씨는 언제 결혼합니까?
 ➡ 友達によると③_____。 친구에 의하면 다음 주 토요일에 결혼한다고 합니다.

＊でしょうか ~일까요? / あまり 그다지, 별로 / 夏休み 여름 방학

▶ 「そうだ」의 용법에는 추측의 「そうだ」와 전문의 「そうだ」가 있다.
   추측의 「そうだ」는 뒤에서 다루기로 하고 여기서는 전문의 「そうだ」만 살펴 보자. 뜻은 '~라고 한다'이며, 남의 말이나 행동을 그대로 전할 때 사용하는 표현이다.
▶ 접속 방법 : 동사나 형용사 그리고 형용동사의 기본형에 붙는다.
   예 飲む+そうだ 마신다고 한다 〈동사〉
   예 寒い+そうだ 춥다고 한다 〈형용사〉 예 好きだ+そうだ 좋아한다고 한다 〈형용동사〉
   예 父だ+そうだ 아버지라고 한다 〈명사〉

[답 ① さむくないそうです ② 明日から8月25日までだそうです ③ 来週の土曜日に結婚するそうです]

❺ ～ながら (~하면서)

여기서는 동시동작을 나타내는 표현을 배워봅시다.
「～ながら(~하면서)」는 동사의 ます형에 접속되어 동시동작을 나타냅니다.

문법 포인트

연습B 명사+동사		연습A 동사+ながら		
❶ 先輩(せんぱい)		勉強(べんきょう)する	しながら	
❷ 先生(せんせい)	は +	お酒(さけ)を飲(の)む	飲みながら	+ 煙草(たばこ)を吸(す)います。
❸ 彼(かれ)		話(はな)す	話しながら	

[해석] ❶ 선배는 공부를 하면서 담배를 피웁니다.
❷ 선생님은 술을 마시면서 담배를 피웁니다.
❸ 그는 이야기하면서 담배를 피웁니다.

응용회화

1 弟(おとうと)は今音楽(いまおんがく)を①_____本(ほん)を読(よ)んでいます。 동생은 지금 음악을 들으면서 책을 읽고 있습니다.

2 先輩(せんぱい)は今何(いまなに)をしていますか。 선배는 지금 무엇을 하고 있습니까?
   → テレビを②_____レポートを書(か)いています。
   텔레비전을 보면서 리포트를 쓰고 있습니다.

▶ 「～ながら」는 두 가지 행동을 겸할 때 사용하는 표현으로, 동사의 ます형에 붙는다. 응용방법을 외워두면 편리하게 사용할 수 있다.
   예 見る(보다) → 見ながら(보면서)
       歩く(걷다) → 歩きながら(걸으면서)
       食べる(먹다) → 食べながら(먹으면서)

※ 「원형 + ことになる」 ~하게 되다 〈확정〉   예 飲むことになる。 마시게 되다.
   「원형 + ことにする」 ~하기로 하다 〈결심〉   예 飲むことにする。 마시기로 하다.

[답 ① 聞きながら ② 見ながら]

❻ ～(よ)うと思う (～하려고 생각하다)

동사의 의지형에 「～と思う(～라고 생각하다)」를 붙이면 말하는 사람의 의지·생각·결심 등을 나타내게 됩니다.

그럼, 의지형은 어떻게 만들까요? 각각의 동사의 종류마다 만드는 방법이 다르니까, 주의하면서 공부해 봅시다.

문법 포인트

연습B_ 명사+조사		연습A_ 동사의 의지형+と思います	
❶ 彼(かれ)		映画を見る(えいが/み)	見よう
❷ 先生(せんせい)	と	話す(はな)	話そう	+ と思いました。(おも)
❸ 彼女(かのじょ)		コーヒーを飲む(の)	飲もう

[해석] ❶ 그와 영화를 보려고 생각했습니다.
❷ 선생님과 이야기하려고 생각했습니다.
❸ 그녀와 커피를 마시려고 생각했습니다.

응용회화

1 あなたも日本(にほん)へ (行く(い)→) 行(い)こうと思(おも)いますか。 당신도 일본에 가려고 생각 중입니까?
  ➡ はい、来年(らいねん)の春(はる)友達(ともだち)と一緒(いっしょ)に大阪(おおさか)へ①_____。
   네, 내년 봄에 친구와 함께 오사카에 가려고 생각합니다.

2 来週(らいしゅう)の日曜日(にちようび)にどこへ行きますか。 다음 주 일요일에 어디에 갑니까?
  ➡ ひさしぶりに釜山へ行こうと思います。 오랜만에 부산에 가려고 생각합니다.
  ➡ 新村へ行こうと思います。 신촌에 가려고 생각합니다.

*～と一緒に ～와/과 함께 / ひさしぶり 오랜만에

▶ 의지형 표현   (よ)う : ① 의지 → ～하겠다 ② 추측 → ～겠지 ③ 권유 → ～하자
         ※공손 → ましょう

▶ 접속 방법 : ①5단 동사(1그룹)는 마지막 글자를 お단으로 바꾸고「う」를 붙인다.
    예 のむ(마시다) → のもう(마셔야지) → のもうと思います(마시려고 생각합니다)
   ②상1/하단 동사(2그룹)는 마지막 る를 떼고「よう」를 붙인다.
    예 みる(보다) → みよう(봐야지) → みようと思います(보려고 생각합니다)
   ③변격 동사(3그룹)는「くる / する」두 개뿐, 그냥 외우자.
    예 くる → こようと思います(오려고 생각합니다) する → しようと思います(하려고 생각합니다)

▶ 동사의 의지형 뒤에「～(よ)うと思う(～하려고 생각하다)」가 접속되면 자신의 의지나 생각을 나타내는 표현이 된다.

[답 ① 行こうと思います]

❼ ~(さ)せる (~하게 하다)

사역 표현은 본인의 의사와 상관없이 누군가에게 어떤 일이나 행동을 하도록 만드는 것을 말합니다.
각각 동사에 어떻게 접속되는지 차근차근 살펴봅시다.

문법 포인트

연습B_ 명사+명사		연습A_ 동사+(さ)せる	
❶ 母は	子供に	勉強する	させました。
❷ 先生は +	学生に	レポートを書く	書かせました。
❸ 妻は	夫に	皿を洗う	洗わせました。

[해석] ❶ 엄마는 아이에게 공부하게 했습니다.
❷ 선생님은 학생에게 리포트를 쓰게 했습니다.
❸ 아내는 남편에게 설거지를 시켰습니다.

응용회화

1 あなたは後輩に何を（する→）させましたか。 당신은 후배에게 무엇을 시켰습니까?
　➡ 後輩にお酒を（飲む→）① _____。 후배에게 술을 마시게 했습니다.
　➡ 後輩に本を（読む→）② _____。 후배에게 책을 읽게 했습니다.

2 彼女はあなたに何をさせましたか。 그녀는 당신에게 무엇을 시켰습니까?
　➡ 食事代を（払う→）払わせました。 식사비를 지불하게 했습니다.
　➡ 外で2時間も（待つ→）待たせました。 밖에서 2시간이나 기다리게 했습니다.

＊払う 지불하다 / 仕事 일 / それから 그리고 나서 / ～も ～씩이나 / 待つ 기다리다

▶ **사역 표현**　동사의 사역 표현은 동사에 「~(さ)せる」를 붙여서 만드는데, 5단 동사에는 「せる」를 상1단/하1단 동사에는 「させる」를 붙인다. 해석은 '~하게 하다'가 된다.

▶ **접속 방법**: ① 5단 동사(1그룹)는 마지막 글자를 あ단으로 바꾸고 「せる」를 붙인다.
　　例 のむ(마시다) → のませる(마시게 하다)　かく(쓰다) → かかせる(쓰게 하다)
　　② 상1단/하1단 동사(2그룹)는 마지막 「る」를 떼고 「させる」를 붙인다.
　　例 みる(보다) → みさせる(보게 하다)　たべる(먹다) → たべさせる(먹게 하다)
　　③ 변격 동사(3그룹)는 「くる / する」 두 개뿐이며 원형이 없어진다.
　　例 くる(오다) → こさせる(오게 하다)　する(하다) → させる(하게 하다)

[답 ① 飲ませました ② 読ませました]

❽ ~に せられる (~에게 시킴을 당하다 = ~때문에 할 수 없이 ~하다)

여기서는 동사의 사역형에 수동형을 붙인 사역수동형을 공부해 봅시다.

하고 싶지 않지만 어쩔 수 없이 해야 한다는 느낌을 나타낼 때 사용하는 표현인데, 까다로운 부분이니까 천천히 학습해 나갑시다!

문법 포인트

연습B 명사+명사		연습A 동사+せる+れる	
❶ 子供は	母に	勉強する	させられました。
❷ 学生は +	先生に	レポートを書く	書かせられました。
❸ 夫は	妻に	皿を洗う	洗わせられました。

[해석] ❶ 아이는 엄마때문에 할 수 없이 공부했습니다.
❷ 학생은 선생님때문에 할 수 없이 리포트를 썼습니다.
❸ 남편은 아내때문에 할 수 없이 설겆이를 했습니다.

응용회화

1 金さん昨日宴会があったでしょう。面白かったですか。 김 씨 어제 연회가 있었지요? 재미있었습니까?
→ いいえ、先輩にお酒を（飲む→）飲ませられて大変でした。
　　아니요, 선배때문에 억지로 술을 마셔서 힘들었습니다.

2 社長に会ったでしょう。ボーナスでももらいましたか。 사장님을 만났죠? 보너스라도 받았습니까?
→ いいえ、会社を（辞める→）辞めさせられました。 아니요, 회사를 그만두게 했습니다.

＊大変 힘듬 / 辞める 그만두다

▶ **사역수동 표현** 동사의 사역수동 표현은 동사에 「~(さ)せられる」를 붙여서 만드는데 5단 동사에는 「せられる」를, 나머지 동사에는 「させられる」를 붙인다. 해석은 자연스럽게 '~때문에 할 수 없이 ~하다'로 하면 된다.

▶ **접속 방법** : ① 5단 동사(1그룹)는 마지막 글자를 あ단으로 바꾸고 「せられる」를 붙인다.
　　예 のむ(마시다) → のませる+られる → のませられる(마시게 함을 당하다 = 할 수 없이 마시다)
　　② 상단/하단 동사(2그룹)는 마지막「る」를 떼고「させられる」를 붙인다.
　　예 みる(보다) → みさせる+られる → みさせられる(보게 함을 당하다 = 할 수 없이 보다)
　　③ 변격 동사(3그룹)는「くる / する」두 개뿐이며 원형이 없어진다.
　　예 くる → こさせられる(할 수 없이 오다)　する → させられる(할 수 없이 하다)

❾ ～てください (～해 주세요)

앞에서도 나왔지만 て형은 여러 형태로 활용되어 유용하게 일본어를 구사할 수 있게 만드는 표현입니다.

「～てください」는 남에게 어떤 부탁이나 의뢰를 할 때 사용하는 표현으로, 일상생활에서 자주 사용하는 표현이니까 잘 기억해 두세요.

문법 포인트

연습B_ 명사+동사	연습A_ 동사의 て형+ください
❶ 勉強する	してください。
❷ 公園へ行く	行ってください。
❸ 早くお酒を飲む	飲んでください。

[해석] ❶ 공부해 주세요.
❷ 공원에 가 주세요.
❸ 빨리 술을 마셔 주세요.

응용회화

1 このりんごを (食べる→) 食べてもいいですか。 이 사과를 먹어도 됩니까?
   ➡ はい、いいですよ。どうぞたくさん (食べる→) ①＿＿＿＿＿＿＿＿＿。
   네, 그럼요. 자, 많이 드세요.

2 お酒を (飲む→) 飲んでもいいですか。 술을 마셔도 좋습니까?
   ➡ はい、いいですよ。たくさん (飲む→) ②＿＿＿＿＿＿＿＿＿。 네, 좋습니다. 많이 드세요.

▶부탁·의뢰를 나타내는 표현

「～ください」는 '～주세요'라는 뜻인데, 여기에 て형이 접속되어 「～てください」가 되면 '～해 주세요'의 의미가 됩니다.
て형의 접속 방법은 앞에 나온 설명을 (⇨ p.75) 참고하세요.

[답 ① 食べてください ② 飲んでください]

⑩ ~て みる (~해 보다)

「~てみる」는 '~해 보다'라는 시도를 나타내는 표현이며, 여기에 「~たいんです」가 접속되어 자신의 희망이나 의지를 나타냅니다.

여러분도 자신의 희망·의지를 표현해 보고 싶으시죠? 자, 이 표현을 익혀두시면 해결됩니다.

문법 포인트

연습B_ 명사+조사

① 母(はは)
② 田中(たなか)さん   と +
③ 恋人(こいびと)

연습A_ 동사+てみる+たい(ん)です

料理を作る	作ってみたい
働く	働いてみたい
花見に行く	行ってみたい

+ (ん)です。

[해석] ① 엄마와 요리를 만들어 보고 싶습니다.
② 다나카 씨와 일해 보고 싶습니다.
③ 연인과 꽃구경하러 가 보고 싶습니다.

응용회화

1 あなたは何(なに)が一番(いちばん)食(た)べてみたいんですか。 당신은 무엇이 가장 먹어 보고 싶습니까?
 ➡ 刺身(さしみ)が一番(いちばん)①_____。 회가 가장 먹어 보고 싶습니다.
 ➡ 果物(くだもの)が一番②_____。 과일이 가장 먹어 보고 싶습니다.

2 あなたが一番行(い)ってみたい国(くに)はどこですか。 당신이 가장 가 보고 싶은 나라는 어디입니까?
 ➡ 日本(にほん)です。家族(かぞく)と一緒(いっしょ)に東京(とうきょう)へ行ってみたいんです。 일본입니다. 가족과 함께 도쿄에 가 보고 싶습니다.

▶ 「みる」는 본래 「見る」로 '눈으로 본다'는 의미를 가지고 있다. 그러나 「て」에 붙어 보조 동사로 쓰이게 되면 본래의 의미를 상실하게 되어 '시도하다'라는 뜻을 갖는다. 따라서 「て」에 붙을 때는 한자를 쓰지 않는 것이 보통이다.

▶ 「~てみる」는 '~해 보다'라는 의미로 무언가를 시도해 보려는 상태를 나타낸다. 이 표현은 「~たいんです(~하고 싶습니다)」와 접속되어 「~てみたいんです(~해 보고 싶습니다)」라는 자신의 희망이나 의지를 나타내기도 한다.

▶ **「~ん(の)です」 사용 방법** : 강조 또는 음을 편하게 하기 위함
 ① い형용사나 동사는 원형에 붙는다.
 예) 寒(さむ)い+んです〈회화체〉 (=寒いのです)〈문법체〉 → 춥습니다
    飲(の)む+ん(の)です(마십니다) 飲まないん(の)です(마시지 않습니다)〈부정 표현〉
 ② 형용동사나 명사는 「な」에 붙는다. (「だ」가 「な」로 바뀜)
 예) 親切(しんせつ)なんです(=親切なのです) 친절합니다 先生(せんせい)なんです(=先生なのです) 선생입니다

[답] ① 食べてみたいんです ② 食べてみたいんです

⑪ ～てもいいですか (~해도 됩니까?) 〈허락〉 / ～てはいけません (~서는 안 됩니다) 〈금지〉

상대방에게 허락이나 동의를 구하거나 또는 금지를 나타내는 표현에 대해 배워 볼까요?

「～てもいいですか/～てはいけません」은 모두 동사의 て형에 연결되어 각각 허락과 금지를 나타냅니다.

문법 포인트

연습B_ 명사+동사	연습A_ 동사+てもいいですか
❶ 料理を作る	作ってもいいですか。
❷ お酒を飲む	飲んでもいいですか。
❸ 煙草を吸う	吸ってもいいですか。

[해석] ❶ 요리를 만들어도 됩니까?
❷ 술을 마셔도 됩니까?
❸ 담배를 피워도 됩니까?

응용회화

1 ここで煙草を吸ってもいいですか。 여기서 담배를 피워도 됩니까?
   ➡ はい、いいです。(＝はい、吸ってもいいです。) 네, 괜찮습니다.
   ➡ いいえ、①_____。外で②_____。
   아니요, 피워서는 안 됩니다. 밖에서 피워 주세요.

2 一日中、休んでもいいですか。 하루종일 쉬어도 됩니까?
   ➡ はい、③_____。 네, 쉬어도 괜찮습니다.
   ➡ いいえ、④_____。 아니요, 쉬어서는 안 됩니다.

▶ **허락을 구할 때** (2가지 요령)
   ①～てもいいですか(~해도 됩니까?)   ②～てもかまいませんか(~해도 상관없습니까?)

▶ **금지를 나타낼 때** (2가지 요령)
   ①～てはいけません(~해서는 안 됩니다)   ②～てはだめです(~해서는 안 됩니다)

※「中」을 읽는 방법
   じゅう：一日中(하루종일), ちゅう：午前中(오전 내내)

[답 ① 吸ってはいけません ② 吸ってください ③ 休んでもいいです ④ 休んではいけません]

⑫ ～て くれる ((남이 나에게) ~해 주다) / ～て あげる ((내가 남에게) ~해 주다)

여기서는 '수수 표현'에 대해 학습합니다. '수수 표현'이란, 무언가를 주거나 받는 동작을 가리킵니다.
자, 이제 수수 표현 중 「～てくれる」, 「～てあげる」 표현을 자세히 살펴봅시다.

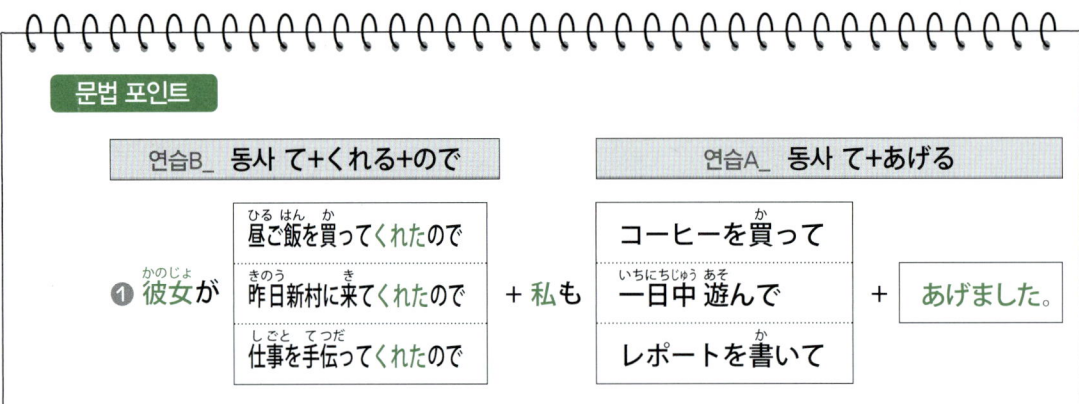

[해석]
❶ 그녀가 점심을 사 주어서 저도 커피를 사 주었습니다.
❷ 그녀가 어제 신촌으로 와 주어서 저도 하루종일 놀아 주었습니다.
❸ 그녀가 일을 도와 주어서 저도 리포트를 써 주었습니다.

응용회화

1　朴さんは金さんに何をあげましたか。 박 씨는 김 씨에게 무엇을 주었습니까?
　➡ クリスマスプレゼントをあげました。 크리스마스 선물을 주었습니다.

2　あなたは友達に何を買ってあげましたか。 당신은 친구에게 무엇을 사 주었습니까?
　➡ コーヒーを一杯買ってあげました。 커피를 한 잔 사 주었습니다.

▶ 수수 표현
① 「～てくれる」: 다른 사람이 내가 속한 가족이나 집안에게 무언가를 해 주는 것이다.
② 「～てあげる」: 내가 또는 주어가 되는 사람이 남에게 무언가를 해 주는 것이다.

※ 「～ので」는 객관적인 이유·원인을 나타낼 때 사용하며, 「～から」는 주관적인 이유를 설명할 때 사용한다. 의미는 '~때문에, ~라서, ~므로'가 된다.

⑬ ~に ~てもらう (~에게 ~해 받다, ~가 ~해 주다)

「てもらう」는 일본식 어법입니다.
우리말로는 자연스럽게 '~가 ~해 주다'라고 말하는 것이 자연스럽습니다. 우리말엔 이런 표현이 없기 때문입니다. 문화와 풍습이 다르듯 그들만의 습관과 습성을 이해하면서 익히세요!

문법 포인트

연습B 명사+조사		연습A 동사て+もらう		
❶ 母	に (が)	料理を作る	作って	もらいました。(=くれました。)
❷ 父		日本語を教える	教えて	
❸ 先生		お酒を飲む	飲んで	

[해석] ❶ 엄마에게 요리를 만들어 받았습니다.(엄마가 요리를 만들어 주었습니다.)
❷ 아빠에게 일본어를 가르쳐 받았습니다.(아빠가 일본어를 가르쳐 주었습니다.)
❸ 선생님에게 술을 마셔 받았습니다.(선생님이 술을 마셔 주었습니다.)

응용회화

1 あなたは彼女に何を買ってもらいましたか。 당신은 그녀에게서 무엇을 받았습니까?
  ➡ ボールペンを買ってもらいました。 볼펜을 (사서) 받았습니다.
  ➡ ノートを①_____。 노트를 (사서) 받았습니다.

2 あなたは先生に何を教えてもらいましたか。 당신은 선생님께 무엇을 배웠습니까?
  ➡ 日本語を教えてもらいました。 일본어를 배웠습니다.

＊~に ①~에 ②~에게 ③~에게로부터

▶ 우리말에는 '~에게 ~해 받다'는 표현은 없지만 일본사람들은 이 표현을 많이 쓴다.
  예 私は先生に日本語を教えてもらう。
  이 문장은 직역하면 '나는 선생님께 일본어를 가르쳐 받다'가 된다. 이는 곧 '선생님이 (나에게) 일본어를 가르쳐 주신다'는 의미가 된다.

▶ 「~てもらう」를 쉽게 이해하는 방법
  「~に ~てもらう」는「~が ~てくれる」로 바꿔 주면 보다 쉽게 이해가 된다.

[답 ①買ってもらいました]

⑭ 〜てしまう (~해 버리다) (→てしまった=ちゃった) 〈축약형〉

여기서는 '~해 버리다'라는 뜻을 나타내는 표현을 배웁니다.
「〜てしまう」는 동사의 て형에 연결되어 어떤 행동을 끝마쳤을 때 사용하는 표현입니다. 회화에서 자주 사용하는 표현이니까, 잘 기억해두세요!

문법 포인트

연습B 명사+조사			연습A 동사 て+しまう	
① 父	に		話す	話してしまいました。
② 彼女	と	+	喧嘩をする	してしまいました。
③ お金	を		全部使う	使ってしまいました。

[해석] ① 아빠에게 이야기해 버렸습니다.
② 그녀와 싸우고 말았습니다.
③ 돈을 전부 써 버렸습니다.

응용회화

1 金さんは今どこにいますか。 김 씨는 지금 어디에 있습니까?
 ➡ 家へ帰ってしまいました。 집에 돌아가 버렸습니다.
 ➡ 外へ出てしまいました。 밖에 나가 버렸습니다.

2 あなたは今バスを待っていますか。 당신은 지금 버스를 기다리고 있습니까?
 ➡ はい、でも10分前に行ってしまいました。 네, 그렇지만 10분 전에 가 버렸습니다.

＊帰る 돌아가(오)다 / 出る 나가(오)다

▶「〜てしまう」라는 '~해 버리다'는 뜻으로, 동사의 て형에 연결되며 어떤 일을 하거나 끝마쳤을 때 많이 쓰이는 표현이다.
※「とる」의 다양한 의미
　기본은 '잡다, 취하다'이다. 그러나 상황에 따라 다양한 표현을 갖는다.
　①사진을 찍다 ②훔치다 ③껌을 떼다 ④가방을 집다 ⑤자리를 차지하다 등

⓯ ～ている (～하고 있다) 〈진행〉

진행을 나타내는「～ている」표현입니다.

어떠한 행동이 진행되고 있음을 나타내는 표현인데, 이 표현은 상황에 따라 진행이 되기도 하고 상태를 나타내기도 합니다. 여기서는 진행을 나타내는 표현을 살펴보겠습니다.

문법 포인트

연습B_ 명사+조사		연습A_ 동사 て+いる	
❶ 母(はは)	は	料理(りょうり)を作(つく)る	作っています。
❷ 公園(こうえん)	で	散歩(さんぽ)をする	しています。
❸ 駅(えき)	で	きっぷを買(か)う	買っています。

[해석] ❶ 엄마는 요리를 만들고 있습니다.
❷ 공원에서 산책을 하고 있습니다.
❸ 역에서 표를 사고 있습니다.

응용회화

1 あなたは何(なに)をしていますか。 당신은 무엇을 하고 있습니까?
   ➡ 私(わたし)は今(いま) ①_____。 나는 지금 책을 읽고 있습니다.

2 金さんは公園(こうえん)で何をしていますか。 김 씨는 공원에서 무엇을 하고 있습니까?
   ➡ 電話(でんわ)を（かける）②_____。 전화를 걸고 있습니다.

✽本を読む 책을 읽다 / 電話をかける 전화를 걸다

▶「～ている」〈진행 / 상태〉
자동사를 쓰느냐 타동사를 쓰느냐에 따라 진행이 될 수도 있고 상태가 될 수도 있다. 자세한 것은 뒤에 나오는 7단계에 설명되어 있다.

※ 학생들이 많이 하는 질문 내용
1. 「まで(あいだ)」와 「までに(あいだに)」의 차이점
   ① 「まで(あいだ)」 → 정해진 시간 동안 같은 일을 반복함
   ② 「までに(あいだに)」 → 정해진 시간 안에 한번만 하면 됨
2. 「つもり」와 「予定(よてい)」의 차이점
   ① 「つもり」 → 말하는 사람의 강한 의지를 나타냄
   ② 「予定」 → 확정된 예정을 나타냄

[답 ① 本を読んでいます ② かけています]

⑯ ～ない (～지 않다) 〈부정형〉

부정을 나타내는 ない형은 중요한 문형중 하나입니다. 우선 ない가 어떻게 붙는지 이해가 되어야겠죠? 동사를 ない형으로 만드는 방법은 동사의 종류에 따라 다릅니다. 앞에 나온 い형용사와 な형용사 를 연결하여 함께 외워두시면 더욱 좋겠죠? 참고로, ない형에 연결되는 여러 가지 표현과 함께 익혀두세요.

문법 포인트

연습B_ 동사+ない형	연습A_ コーヒーを飲まない。〈커피를 마시지 않다.〉
1) いく → いかない	❶ 飲まないでください。(=～ないでほしいです。)
2) みる → みない	❷ 飲まない方がいいです。
3) くる → こない	❸ 飲まないように気をつけてください。
4) する → しない	❹ 飲まなければなりません。(=～なければならない(ん)です。)
	❺ 飲まなくてもいいです。
	❻ 飲まないことにしました。※～ないことになりました

[해석] ❶ 마시지 말아 주세요.
❷ 마시지 않는 편이 좋습니다.
❸ 마시지 않도록 조심하세요.
❹ 마셔야만 합니다.
❺ 마시지 않아도 됩니다.
❻ 마시지 않기로 했습니다.〈결심〉
※ ～하지 않게 되었습니다.〈확정〉

▶ **동사의 ない형 만드는 법**
① 5단 동사는 마지막 음을 あ단으로 바꾸고 「ない」를 붙인다.
　예 かえる(돌아가(오)다) → かえらない(돌아가(오)지 않다)　かく(쓰다) → かかない(쓰지 않다)
② 상단/하단 동사는 「る」를 떼고 「ない」를 붙인다.
　예 たべる(먹다) → たべない(먹지 않다)　みる(보다) → みない(보지 않다)
③ 변격 동사 「くる/する」는 「こない/しない」가 된다.

▶ **「ないで」와 「なくて」의 차이점**
て가 접속될 때 「～なくて」는 '～않고, ～않아서'라는 뜻의 단정·이유를 나타내고, 「～ないで」는 '～말고'의 뜻을 나타낸다.
　예 なくて → 水が出なくて困っています。 물이 나오지 않아서 곤란합니다.
　　 ないで → 本を見ないで答えてください。 책을 보지 말고 대답해 주세요.

동사 중요 문형 포인트 정리

☆표 15개는 형용사처럼 반드시 외우고 넘어가자!

◆飲み → ます형 접속		
	① ~ます	☆ ~합니다
	② ~たいです	☆ ~하고 싶습니다
	③ ~たがります(たがる)	☆ ~하고 싶어합니다
	④ ~ながら	☆ ~하면서
	⑤ ~なさい	~해요
	⑥ ~そうだ	~것 같다
	⑦ ~にくい+です	~하기 어렵습니다
	⑧ ~やすい+です	~하기 쉽습니다
	⑨ ~に	☆ ~하러
	⑩ ~すぎ+ます	너무 ~합니다
	⑪ ~はじめ+ます	~하기 시작합니다
	⑫ ~おわり+ます	다 ~합니다

◆飲んで → て형 접속		
	① ~ください	☆ ~해 주세요
	② ~もいいですか	☆ ~해도 됩니까?
	③ ~はいけません	☆ ~서는 안 됩니다
	④ ~から	☆ ~하고 나서
	⑤ ~みます(みる)	~해 봅니다
	⑥ ~います(いる)	☆ ~하고 있습니다
	⑦ ~もらう	~해 받다 = ~가 ~해 주다〈~が ~てくれる〉
	⑧ ~あげる	〈내가 남에게〉 ~해 주다
	⑨ ~くれる	〈남이 나에게〉 ~해 주다
	⑩ ~しまう	~해 버리다
	⑪ ~くる	~하고 오다 / ~해 오다
	⑫ ~おく	~해 두다

◆飲まない 주의 → ④⑤는 い생략 → ない형 접속		
	① ~でください	☆ ~하지 말아 주세요
	② ~ほうがいいです	☆ ~하지 않는 편이 좋습니다
	③ ~ように気を付けてください	☆ ~하지 않도록 조심해 주세요
	④ ~ければなりません	☆ ~하지 않으면 안 됩니다 (~해야 합니다)
	⑤ ~くてもいいです	☆ ~하지 않아도 됩니다
	⑥ ~ことにしました(する)	~하지 않기로 했습니다 〈결심〉
	⑦ ~ことになりました(なる)	~하지 않게 되었습니다 〈확정〉
	⑧ ~でほしいです	~하지 않기를 원합니다 〈소망〉

▶ ない형의 접속형 중 ④번과 ⑤번, 특히 ④번 「~ければ」는 い형용사의 가정형이다.
「ない」도 형용사이므로 ない형의 가정형은 물론 「なければ」가 된다. 즉, い형용사처럼 활용하면 된다.
예 さむい → さむければ (추우면)
　　 ない → なければ (없으면)

▶ ⑤번 「~くても」도 い형용사 문법이다. 따라서 어렵게 생각하지 말고 차근차근 잘 생각해 보자.
예 さむくても いいです (추워도 괜찮습니다)
　　 なくてもいいです (없어도 됩니다)
　　 のまなくてもいいです (마시지 않아도 됩니다)

일본에서 가장 중요한 [ます형·ない형·て형]을 잡아라!

①ます형 변화

동사를 외우는 것도 중요하지만 이제부터는 가장 기본이 되는 문형인 ①ます형 만드는 연습을 해 보자.

1	2	3	4	5	6	7	8	9	10	11	12
はな~~す~~→します	た~~べる~~→ます	の~~む~~→みます	~~み~~る→ます	あ~~る~~→ります	~~く~~る→きます	~~す~~る→します	し~~ぬ~~→にます	あ~~う~~→います	よ~~ぶ~~→びます	ま~~つ~~→ちます	か~~く~~→きます

②ない형 변화

아래 ない형은 흔히 부정형이라고도 하는데 동사마다 변화가 달라 주의를 요한다.
우선 6번과 7번은 변격 동사라 원형이 없어진다. 즉 「くる → こ」로 「する → し」로 바뀐다. 그리고 2번과 4번은 상1단/하1단이므로 끝에 る만 떼고 붙이면 된다. 나머지는 5단 동사이므로 전부 あ단으로 변화하고 있다.

1	2	3	4	5	6	7	8	9	10	11	12
はな~~す~~→さない	た~~べる~~→ない	の~~む~~→まない	~~み~~る→ない	あ~~る~~→ない	~~く~~る→こない	~~す~~る→しない	し~~ぬ~~→なない	あ~~う~~→わない	よ~~ぶ~~→ばない	ま~~つ~~→たない	か~~く~~→かない

※주의 : 동사의 끝이 う로 끝나는 경우 あ가 아닌 わ를 써야 한다. 예 あう 만나다 → あわない 만나지 않다 / あわせる 만나게 하다

③て형 변화(5단동사 음편 암기요령)

아래 음편은 5단 동사에만 있는 특별한 문형이다. 열심히 연습하여 완벽하게 숙달하도록 하자!
많은 학생들이 음편을 안일하게 생각하여 일본어 전체를 망치는 일이 많은데, 절대 이곳에서 낙오자가 되는 일이 없도록 명심 또 명심하기를 바란다.

1	2	3	4	5	6	7	8	9
か~~く~~	はな~~す~~	の~~む~~	し~~ぬ~~	よ~~ぶ~~	あ~~う~~	ま~~つ~~	あ~~る~~	い~~く~~
(い)	(し)	(ん)	(ん)	(ん)	(っ)	(っ)	(っ)	(っ)
て(で)								

▶ **손뼉치고 노래로 암기** ☞ 음편은 반드시 암기하자! 일본어의 승패는 て형에 있다!
「く→いて」「す→して」「む·ぬ·ぶ→んで」「う·つ·る→って」「いく→って」입니다.

▶회화를 잘하고 싶으세요? 그럼 15개 표현을 각각에 대입하여 암기하세요!

| コーヒーを のむ | 日本語で はなす | てがみを かく | 新村へ いく | 友達に あう | パンを 食べる | 勉強を する |

ます형					て형					ない형				
①	②	③	④	⑤	⑥	⑦	⑧	⑨	⑩	⑪	⑫	⑬	⑭	⑮
ます ~합니다	たいです ~고 싶습니다	たがります ~고 싶어합니다	ながら ~하면서	に ~하러	ください ~해 주세요	もいいですか ~해도 됩니까?	はいけません ~서는 안 됩니다	から ~하고나서	います ~하고 있습니다	でください ~하지 말아 주세요	ほうがいいです ~하지 않는 편이 좋습니다	ように気をつけてください ~하지 않도록 조심하세요	ければなりません ~해야 합니다	くてもいいです ~하지 않아도 됩니다

※주의 : ⑭ ⑮는 끝에 い가 생략됨.

Tip

▶ます형・て형・ない형 응용요령!

일본어 회화에서 가장 중요한 것은 ます형(5개)・て형(5개)・ない형(5개)표현입니다.
①첫째는 우선 15개를 순서대로 몽땅 다 암기하는 것입니다.
②둘째는 순서와 상관없이 15개를 대답할 수 있도록 연습하는 것입니다. 즉 습관이 되어야겠죠!
③셋째는 동사와 동사를 연결하여 문형을 연습해 보는 것입니다.
④마지막에는 다양한 새로운 동사를 투입하여 응용하여 붙여 보는 것입니다.

이제 회화에 자신감이 생겼나요?

확인학습

> 동사부터는 집에서도 조금씩 공부하셔야 합니다. 습관이 되어야 하니까요.
> 조동사는 꼭 써 보시고 궁금한 것은 질문도 하세요. 파이팅!

1 ます형

연습1_ ます형 만들기

예 おしえる	하1단	おしえます 가르칩니다	おしえました 가르쳤습니다	おしえません 가르치지 않습니다	おしえませんでした 가르치지 않았습니다	おしえましょう 가르칩시다
① みる	상1단					
② のむ	5단					

▶ 「～ましょう」는 ①의지 ②추측 ③권유의 3가지 표현을 가지고 있다.

연습2_ ます형 + たい/たがる 붙이기

예 たべる	하1단	たべたい (나는) 먹고 싶다	たべたい + です (나는) 먹고 싶습니다	たべたがる (그는) 먹고 싶어하다	たべたがります (그는) 먹고 싶어합니다
① みる	상1단				
② のむ	5단				

▶ 「～たい」는 1인칭・2인칭, 「～たがる」는 내가 아닌 3인칭
　「～たがる」분석 たい+がる → たがる(형용사 어간+がる) → 3자의 희망을 나타내어 '～(하)고 싶어하다'의 의미가 된다.
　예 ～がほしい+がる → ～をほしがる의 경우 조사 「が」는 「を」로 바꿔 쓴다.
　예 寒い → 寒いがる(추워하다)

연습3_ て형 + ～たり ～たりします 붙이기

예 お酒を(のむ)のんだり 買物を(する)したり + する。 술을 마시기도 하고 쇼핑하기도 한다.	お酒を のんだり 買物を したり + します。 술을 마시기도 하고 쇼핑을 하기도 합니다.
① 勉強をする / テレビをみる + する	勉強を _____ テレビを _____ します。
② コーヒーをのむ / パンをたべる + する	コーヒーを _____ パンを _____ します。

연습4_ 종지형 + そうだ 붙이기

예 暑くなる	暑くなる+そうだ 더워진다고 한다	暑くなるそうです 더워진다고 합니다	더워지다
❶ 試験がある			시험이 있다
❷ 寒くなる			추워지다

연습5_ ます형 + ながら 붙이기

예 のむ	5단	のみながら 마시면서	たばこを吸います。 담배를 피웁니다.	마시다
❶ 電話する	변격			전화하다
❷ あるく	5단			걷다

연습6_ 의지형 만들기

참조 ❶의지 → ~하겠다 ❷추측 → ~겠지 ❸권유 → ~하자

예 はなす	5단	はなそ+う 말해야지	はなそうと思う 말하려고 생각하다	はなそうと思いました 말하려고 생각했습니다
❶ みる	상1단			
❷ する	변격			

정답

연습1) ①みます / みました / みません / みませんでした / みましょう
　　　②のみます / のみました / のみません / のみませんでした / のみましょう
연습2) ①みたい / みたいです / みたがる / みたがります
　　　②のみたい / のみたいです / のみたがる / のみたがります
연습3) ①したり / みたり ②のんだり / たべたり
연습4) ①試験があるそうだ / 試験があるそうです ②寒くなるそうだ / 寒くなるそうです
연습5) ①電話しながら ②あるきながら
연습6) ①みよう / みようと思う / みようと思いました
　　　②しよう / しようと思う / しようと思いました

연습7_ ～(さ)せる〈사역형〉 만들기   참조 (～시키다 / ～하게 하다)

예 かく	5단	かかせる 쓰게 하다	かかせます 쓰게 합니다	かかせました 쓰게 했습니다	쓰다
❶ する	변격				하다
❷ はらう	5단				지불하다

▶ **사역 동사** 「せる」

누군가에게 무엇을 시킬 때 「(さ)せる(～하게 하다, ～시키다)」가 쓰인다.
이러한 사역 표현에는 보통 자동사와 타동사가 구별 없이 적용된다. 그러나 어떤 자동사는 그 타동사를 단어의 특성성 사역형으로 써야 하는 특별한 경우도 있다.

1) 乗る → 乗らせる(×)　　　2) 降りる → 降りさせる(×)
　 乗せる → 乗せました(○)　　 降ろす → 降ろさせました(○)
3) 起きる → 起きさせる(×)　　4) 寝る → 寝させる(×)
　 起こす → 起こさせました(○)　 寝かす → 寝かしました(○)

연습8_ ～(さ)せられる〈사역 수동형〉 만들기　참조 「せる+(ら)れる」는 의역하면 '할 수 없이/원치않게/어쩔 수 없이'가 된다.

예 かく	5단	かかせる 쓰게 하다	かかせ+られる 쓰게 함을 당하다	かかせられました 쓰게 함을 당했습니다	(=かかされました)〈특수형〉
❶ する	변격				하다
❷ はらう	5단				지불하다

◆ 사역〈せる〉 + 수동〈れる〉

종 류	사역〈せる〉	사역〈せる〉 + 수동〈れる〉	과거형
1) 일반형	❶ のむ→のませる	のませ+られる	のませられました。〈일반형〉 のまされました。〈특수형〉 나는 할 수 없이 마셨습니다.
2) 특수형	❶ のむ→のます ❷ かく→かかす	のまさ+れる かかさ+れる	かかされました。 나는 할 수 없이 썼습니다.

▶ **특수형 방법**
　5단 동사 끝자리를 あ단으로 바꿔서 「す」를 붙인다. 단, 끝이 「す」인 5단 동사는 사용할 수 없다.
　예) 消す 지우다 / 話す 말하다 / 直す 고치다 등

▶ **이유**
　「せる+られる」→「せられる」가 일반형이지만 음을 간소화하기 위하여 「せられる → される」로 쓰고 있는 것이다.

◆ **자동사+れる**
　「れる」는 대부분 타동사에 붙는다. 그러나 자동사에 붙는 경우가 있다.
　예) 降る/泣く/死ぬ　　 ◉雨に降られる。 ◉子供に泣かれる。 ◉父に死なれる。
　☞ ～에 (비)(울음)(죽음) 등을 당했다. 그래서 나는 '슬프다/ 힘들다/ 곤란하다'의 뜻을 가진다.

연습9_ 명령형 만들기

예 のむ	5단	① のめ 마셔!	② のむな 마시지마!	③ のみなさい 마시거라!	④ のんでください 마셔 주세요.	⑤ のんでくださいませんか 마셔 주시지 않겠습니까?
① いく	5단					
② たべる	하단					

◆명령의 종류

1. **강한 부정**　①のむな(마시지마)　②たべるな(먹지마)　③くるな(오지마)　④するな(하지마)
2. **강한 명령**　①のむ→のめ(마셔)　②たべる→たべろ(먹어)　③くる→こい(와)　④する→しろ/せよ(해)
3. **부드러운 명령**　①のむ→おのみ(마시렴)
　　　　　　　　　②のみなさい。(마셔요.)
4. **공손한 부탁**　①のんでください。(마셔 주세요.)
　　　　　　　　②のんでくださいませんか。(마셔 주시지 않겠습니까?)
　　　　　　　　③のんでくださいませ(まし)。(마셔 주세요.)

정답
연습7) ①させる / させます / させました　②はらわせる / はらわせます / はらわせました
연습8) ①させる / させられる / させられました　②はらわせる / はらわせられる / はらわせられました
연습9) ①いけ / いくな / いきなさい / いってください / いってくださいませんか
　　　②たべろ / たべるな / たべなさい / たべてください / たべてくださいませんか

2 て형

연습1_ ～て + みる 붙이기

예 いく	5단	いってみる 가 보다	いってみたい 가 보고 싶다	いってみたい(ん)です 가 보고 싶습니다	가다
❶ つくる	5단				만들다
❷ はたらく	5단				일하다

연습2_ ～て + (も)いいですか / (は)いけません 붙이기

예 のむ	5단	のんで 마시고	のんでも 마셔도	のんでもいいですか 마셔도 좋습니까?	のんではいけません 마셔서는 안 됩니다〈부정〉	마시다
❶ つくる	5단					만들다
❷ すう	5단					피우다

연습3_ ～て + くれる / ～て + あげる 붙이기

예 彼女が新村にきて くれたので 그녀가 신촌으로 와 주었기 때문에	私も一日中あそんであげました。 나도 하루종일 놀아 주었습니다.
❶ 彼女が昼ご飯を＜買う＞ _____	私もコーヒーを＜買う＞ _____
❷ 彼女が仕事を＜手伝う＞ _____	私もレポートを＜書く＞ _____

＊手伝う 도와 주다 / 昼ご飯 점심밥

연습4_ ～て + もらう 붙이기

예 のむ	5단	のんで 마시고	のんでもらう 마셔 받다	のんでもらいました 마셔 받았습니다	
❶ つくる	5단				만들다
❷ おしえる	하1단				가르치다

연습5_ ～て + しまう 붙이기

예 する	변격	してしまう 해 버리다	してしまいます 해 버립니다	してしまいました 해 버렸습니다	하다
❶ とられる	하1단				뺏기다
❷ はなす	5단				이야기하다

연습6_ ～て + いる 붙이기

예 のむ	5단	のんで 마시고	のんでいる 마시고 있다	のんでいます 마시고 있습니다	마시다
❶ つくる	5단				만들다
❷ はたらく	5단				일하다

정답

연습1) ①つくってみる / つくってみたい / つくってみたい(ん)です ②はたらいてみる / はたらいてみたい / はたらいてみたい(ん)です

연습2) ①つくって / つくっても / つくってもいいですか / つくってはいけません
②すって / すっても / すってもいいですか / すってはいけません

연습3) ①買ってくれたので / 買ってあげました ②手伝ってくれたので / 書いてあげました

연습4) ①つくって / つくってもらう / つくってもらいました
②おしえて / おしえてもらう / おしえてもらいました

연습5) ①とられてしまう / とられてしまいます / とられてしまいました
②はなしてしまう / はなしてしまいます / はなしてしまいました

연습6) ①つくって / つくっている / つくっています ②はたらいて / はたらいている / はたらいています

3 ない형

연습_ ない형 만들기

〈원형〉	구분	〈적용〉 죽지 않다	〈응용1〉 ❶ 죽지 말아 주세요	〈응용2〉 ❷ 죽지 않으면 안됩니다	〈응용3〉 ❸ 죽지 않아도 됩니다
❶ しぬ	5단	しなない	しなないでください	しななければなりません	しななくてもいいです
❷ たべる	하단				
❸ くる	변격				
❹ する	변격				

> 정답
> 연습　②たべない / たべないでください / たべなければなりません / たべなくてもいいです
> 　　　③こない / こないでください / こなければなりません / こなくてもいいです
> 　　　④しない / しないでください / しなければなりません / しなくてもいいです

실력 키우기 문제

1 다음 (　)에 동사의 활용형을 쓰세요.

1　ご飯を（食べる ➡ _____ ）ました。

2　お酒を（飲む ➡ _____ ）ませんでした。

3　勉強（する ➡ _____ ）たいです。

2 다음을 우리말로 해석하세요.

1　彼女に会ってみたいです。_____

2　友達にお酒を飲ませました。_____

3　恋人とお酒を飲んだりご飯を食べたりしました。_____

4　ここで煙草を吸ってもいいですか。_____

3 다음 (　)안에 알맞은 것을 골라서 쓰세요.

1　昨日（①会う　②会った　③会います）人は友達です。

2　図書館へ本を（①読むに　②読めに　③読みに）行きます。

3　新聞を（①読んだ　②読む　③読んで）、学校へ行きます。

4 음편 연습

1 し**ぬ**	( )で ( )だ ( )だり ( )だら	2 の**む**	( )で ( )だ ( )だり ( )だら	3 か**く**	( )て ( )た ( )たり ( )たら	4 はな**す**	( )て ( )た ( )たり ( )たら
5 ま**つ**	( )て ( )た ( )たり ( )たら	6 よ**ぶ**	( )で ( )だ ( )だり ( )だら	7 あ**る**	( )て ( )た ( )たり ( )たら	8 か**う**	( )て ( )た ( )たり ( )たら

5 다음 (   )안에 원형을 쓰고, 보기와 같이 문형을 고쳐 쓰세요.

> 보기 飲みます → (飲む) 飲んでもいいです。

1 待ちます → (   ) _____

2 かけます → (   ) _____

3 話します → (   ) _____

4 来ます →   (   ) _____

5 起きます → (   ) _____

[정답 ① 1. 食べ 2. 飲み 3. し ② 1. 그녀를 만나 보고 싶습니다. 2. 친구에게 술을 마시게 했습니다. 3. 애인과 술을 마시거나 밥을 먹거나 했습니다. 4. 여기서 담배를 펴도 됩니까?
③ 1. ② 2. ③ 3. ③ ④ 1. ん 2. ん 3. い 4. し 5. っ 6. ん 7. っ 8. っ
⑤ 1. 待つ → 待ってもいいです 2. かける → かけてもいいです 3. 話す → 話してもいいです 4. 来る → 来てもいいです
5. 起きる → 起きてもいいです]

7 단계

진행/상태/완료 표현

「진행·상태·완료」 표현은 한마디로 작문을 배우는 과정입니다.
어떤 학생은 말합니다. 쓰는 것은 필요없잖아요? JPT, EJU 모든 시험이 객관식인데…! 글쎄요, 일본 대학에 가면 100% 쓰기 시험으로 평가합니다. 반드시 작문은 필요합니다.
「진행·상태·완료」 표현을 배우면서 작문에 자신감을 가질 수 있도록 공부해 봅시다.

1 자동사와 타동사 단어 익히기

▶어떻게 구별하죠? 요령이 있나요? 네! 보세요.

1. 자동사와 타동사의 구분 (「る」앞의 문자를 잘 보세요.)

①자동사	②타동사	①자동사	②타동사	①자동사	②타동사
終わる 끝나다	終える 끝내다	上がる 올라가다	上げる 올리다	見つかる 발견되다	見つける 발견하다
入る 들어가다	入れる 넣다	集まる 모이다	集める 모으다	残る 남다	残す 남기다
開く 열리다	開ける 열다	減る 줄다	減らす 줄이다	起きる 일어나다	起こす 일으키다
決まる 정해지다	決める 정하다	降りる 내리다	降ろす 내려 놓다	出る 나오다	出す 내다
並ぶ 늘어서다	並べる 나란히 하다	変わる 바뀌다	変える 바꾸다	倒れる 쓰러지다	倒す 넘어뜨리다
止まる 멈추다	止める 세우다	消える 사라지다	消す 제거하다	進む 진행되다	進める 진행하다
始まる 시작되다	始める 시작하다	閉まる 닫히다	閉める 닫다	落ちる 떨어지다	落とす 떨어뜨리다

2. 자동사/ 타동사 구별요령

1) 자동사와 타동사 구별법
「る」앞이 あ단이면 자동사,「る」앞이 え단이면 타동사, 그리고 끝이「す」로 끝나면 타동사일 가능성이 높다.
예외) 割れる 깨지다 → 割る 깨다 売れる 팔리다 → 売る 팔다 折れる 구부러지다 → 折る 구부리다

2) 자동사와 타동사가 동일한 것
笑う(웃다/웃기다) 増す(많아지다/많게 하다) 吹く(불다/불게 하다) 張る(붙다/붙이다) 置く(놓다/두다) 등

3) 자동사뿐인 것
栄える(번영하다) ある(있다) いる(있다) くる(오다) 行く(가다) 死ぬ(죽다) 등

4) 타동사뿐인 것
食べる(먹다) 飲む(마시다) 着る(입다) 등

▶진행과 상태 그리고 자동사와 타동사는 대체 어떤 관계에 있는가?
자동사 타동사를 정확하게 구별해야 진행과 상태의 문장을 만들 수 있다.
따라서 우리가 작문과 독해를 잘하기 위해서는 평소 단어를 외울 때 자동사와 타동사를 구별하여 공부할 필요가 있다.

2 기본문형

❶ ~が『자동사』ている (~가 「자동사」하고 있다) 〈진행 또는 상태〉

여기서는 진행의 의미와 상태의 의미를 나타내는 「~が「자동사」ている」 표현을 배우겠습니다.
어떻게 구별되어 사용되는지 함께 확인해 볼까요?

문법 포인트

❶ 子供(こども)		泣(な)く	泣いています。
❷ ドア	が +	開(あ)く	開いています。
❸ 水(みず)		入(はい)る	入っています。

[해석] ❶ 아이가 울고 있습니다.
❷ 문이 열려 있습니다.
❸ 물이 들어 있습니다.

응용회화

1 運動場(うんどうじょう)に何(なに)がありますか。 운동장에 무엇이 있습니까?
　➡ 車(くるま)が止(と)まっています。 자동차가 서 있습니다.
　➡ 落(お)ち葉(ば)が落(お)ちています。 낙엽이 떨어져 있습니다.

2 新村(しんむら)へ行(い)ってもいいですか。 신촌에 가도 됩니까?
　➡ はい、いいですよ。 네, 됩니다.
　➡ いいえ、だめです。車(くるま)が混(こ)んでいますから。 아니요, 안 됩니다. 차가 붐비니까요.

✽葉(は)ち葉(ば) 낙엽 / だめです 안 됩니다

▶「~が『자동사』ている」는 '~이 ~하고 있다'의 진행을 나타내는 경우와 '~이 ~해져 있다'의 상태를 나타내는 경우가 있다. 즉, 앞뒤 문맥을 보면서 진행/상태를 구분하면 된다.
이때 상태는 저절로 되어있는 상태이며 자동사를 써서 만든 상태이므로 '자연적인 상태'라고 한다. 물론 타동사를 써서 만든 상태라면 인위적인 상태가 된다. 즉, 의도된 상태인지 아닌지 판단하면 된다.

❷ ~を『타동사』ている (~을/를 「타동사」하고 있다) 〈진행〉

여기서는 진행을 나타냅니다.
하지만, 조사나 상황에 따라 상태가 될 수도 진행이 될 수도 있다는 것, 명심하세요!

문법 포인트

❶ 歌(うた)
❷ 財布(さいふ) + を
❸ ゴミ

歌(うた)う	歌っています。
選(えら)ぶ	選んでいます。
拾(ひろ)う	拾っています。

[해석] ❶ 노래를 부르고 있습니다.
❷ 지갑을 고르고 있습니다.
❸ 휴지를 줍고 있습니다.

응용회화

1 あなたは今(いまなに)何をしていますか。 당신은 지금 무엇을 하고 있습니까?
  ➡ 私(わたし)は今コーヒーを飲(の)んでいます。 저는 지금 커피를 마시고 있습니다.
  ➡ テレビを見(み)ています。 텔레비전을 보고 있습니다.

2 金さんは何をしていますか。 김 씨는 무엇을 하고 있습니까?
  ➡ 車(くるま)を止(と)めています。 자동차를 세우고 있습니다.
  ➡ 日本語(にほんご)を教(おし)えています。 일본어를 가르치고 있습니다.

▶ 동사 앞에 있는 조사를 보며 자동사와 타동사를 구분하는 사람들도 있다. 조사 「が」가 나오면 자동사, 조사 「を」가 나오면 타동사라고 하는데 아주 위험한 판단이다. 자동사 앞에도 상황에 따라 조사 「を」를 쓸 때도 있고 조사 「が」를 쓸 때도 있다.
  예) 金さん(が)教えています。 김 씨가 가르치고 있습니다. → 여기서는 '무엇을?'이라는 목적어 '일본어'가 생략되었다.

▶ 특별한 분석
「を+타동사て+いる」는 무조건 진행일까? 그렇지 않다!
상황 설정에 따라 상태가 되는 경우도 있다.
  예) A : 아이들이 어디에 있죠? B : 川で水泳(すいえい)をしている。 → 강에서 수영을 하고 있다.〈상태〉
      A : 무엇을 하고 있죠?   B : 川で水泳をしている。 → 강에서 수영을 하고 있다.〈진행〉

❸ ～が『타동사』てある (~이/가 「타동사」해 있다) 〈무조건 상태〉

이 문장은 무조건 상태를 나타냅니다.
「～てある」는 타동사에만 붙으며 반드시 인위적인 상태를 가리킵니다. 즉, 누군가에 의해 그렇게 되어 있다는 뜻이 됩니다.

문법 포인트

❶ 財布(さいふ)			置(お)く	置いてあります。
❷ ドア	が	+	開(あ)ける	開けてあります。
❸ 皿(さら)			並(なら)べる	並べてあります。

[해석] ❶ 지갑이 놓여져 있습니다.
❷ 문이 열어져 있습니다.
❸ 접시가 진열되어져 있습니다.

응용회화

1 金さん、運動場(うんどうじょう)に何(なに)がありますか。 김 씨, 운동장에 무엇이 있습니까?
  ➡ 車(くるま)が止(と)めてあります。 자동차가 세워져 있습니다.

2 テーブルの上(うえ)に何がありますか。 탁자 위에 무엇이 있습니까?
  ➡ フォークとナイフが並(なら)べてあります。 포크와 나이프가 나란히 놓여져 있습니다.
  ➡ カバンが置(お)いてあります。 가방이 놓여져 있습니다.

▶「～てある」는 '~해져 있다'라는 뜻으로, 타동사에만 붙어 인위적인 상태를 만든다. 일반적으로 조사 「が」 뒤에 자동사가 쓰여져서 자연적인 상태가 되는 것이 보통이다.
그러나 여기서는 「～が～てある」 뒤에 타동사가 쓰여져 있다. 이것은 타언에 의해서 '해 놓아져 있는' 상태로 보면 된다. 그래서 '~해 있다'가 아니고 '~해져 있다'로 해석한다. 즉, 누군가에 의하여 의도된 인위적인 상태를 말하는 것이다.

7단계 진행/상태/완료 표현

❹ 신체 등에 착용하는 것들 〈진행이 아니고 → 상태가 됨〉

착용에 관한 특별한 어법 표현입니다.
특별한 것이라뇨, 무슨 말인지? 네! 예를 들면 혹시 모자 쓰는데 시간 걸립니까? 아닐 것입니다. 그래서 모자를 쓰고 있는 '진행'이 아니라 이미 착용 '상태'로 보고 있는 것입니다.

문법 포인트

❶ 帽子(ぼうし)		被(かぶ)る	被っています。
❷ かばん	を +	持(も)つ	持っています。
❸ めがね		掛(か)ける	掛けています。

[해석] ❶ 모자를 쓰고 있습니다.
❷ 가방을 들고 있습니다.
❸ 안경을 쓰고 있습니다.

응용회화

1 朴さんはめがねを掛(か)けていますか。 박 씨는 안경을 쓰고 있습니까?
 → はい、めがねを掛けています。 네, 안경을 쓰고 있습니다.

2 金さんは何(なに)を履(は)いていますか。 김 씨는 무엇을 신고 있습니까?
 → 運動靴(うんどうぐつ)を履いています。 운동화를 신고 있습니다.

▶ 이 문장은 「〜を 타동사て いる」의 형태로 겉보기에는 명백한 진행이지만, 시간을 필요로 하지 않는 순간 동작에서 이루어지기 때문에 특별히 상태로 규정하고 있다. 즉, 착용에 관한 것은 일반적으로 시간을 요하지 않는 순간 동작에서 이루어지기 때문에 상태로 규정하는 것이다. 단, 순간이냐 지속이냐에 따라 진행이 될 때도 있다.

▶ 그밖에 순간 동작으로 쓰이는 동사
「行く・入る・出る」 등도 순간 동작으로 쓰인다.
 예 行く → 行っている 〈가고 있다〉가 아니라 〈가 있다〉
   入る → 入っている 〈들어와 있다〉
   出る → 出ている 〈나가(와) 있다〉

▶ 혹시 버스를 타고 집에 가고 있을 때는 어떻게 할까? 그땐 기능어를 쓴다.
 예 バスで家に帰っているところ(中)です。 버스로 집에 가고 있는 중입니다.

※기능어 참 중요하죠? 책 뒤에 충분히 정리해 두었습니다. 참조하여 확실히 익혀두세요!

❺ 완료 표현

어떤 동작이 과거에 완료되어 계속 유지하고 있을 때를 '완료'라고 합니다.
다음 3가지 표현 「생활・졸업・결혼」에 유의하세요.

문법 포인트

❶ 新村	に	+	家族が住む。	住んでいます。
❷ 兄	は		卒業をする。	しています。
❸ 先生	は		結婚をする。	しています。

[해석] ❶ 신촌에 가족이 살고 있습니다.
❷ 형은 졸업을 했습니다.
❸ 선생님은 결혼을 했습니다.

응용회화

1 あなたは結婚していますか。 당신은 결혼을 했습니까?
   ➡ はい、結婚しています。 네, 결혼했습니다.
   ➡ いいえ、まだ結婚していません。 아니요, 아직 결혼하지 않았습니다.
2 新村に誰が住んでいますか。 신촌에 누가 살고 있습니까?
   ➡ 友達が住んでいます。 친구가 살고 있습니다.

＊はい、結婚しました。(과거 경험)

▶ 완료를 나타내는 표현이다. 다음 3가지 표현에 주의해야 한다.
결혼, 졸업, 생활 등 이미 어떤 동작이 완료되어 계속 유지되고 있는 상태를 나타내는 경우, 이때를 완료라고 한다.
※주의! 혹시 결혼하셨나요?
①はい、結婚しました。(네, 결혼했었습니다.) → 이 대답은 아직 결혼한 상태인지 그 이후 이혼했는지 파악하기 힘들다.
②はい、結婚しています。(네, 결혼했습니다.) → 꼭 「~ている」 형태를 써야 한다.
③いいえ、結婚していません。(아니요, 미혼입니다.)

확인학습

다음 3가지 유형을 열심히 연습하시기 바랍니다. 특히, 유학을 가거나 무역회사에 근무하실 분, 반드시 암기!

연습1_ 자동사는 몇 번과 몇 번인가요? 찾아보세요.

❶ とまる 멈추다	❺ かかる 걸리다	❾ きまる 결정되다	⓭ おちる 떨어지다	⓱ ならべる 진열하다
❷ とめる 세우다	❻ かける 걸다	❿ きめる 결정하다	⓮ おとす 떨어뜨리다	⓲ おしえる 가르치다
❸ おわる 끝나다	❼ はいる 들어가다	⓫ あく 열리다	⓯ とぶ 날다	⓳ うたう 노래하다
❹ おえる 끝내다	❽ いれる 넣다	⓬ あける 열다	⓰ なく 울다	⓴ おく 두다

▶ ⓴번 おく 두다 (자, 타)

◆ 위의 단어를 이용하여 다음 미완성된 문장을 완성하세요.

연습2_ ~が 자동사 ている 〈진행 / 자연적 상태〉

주의 ③「하늘」이라는 목적어가 있다.

예 문이 열려 있습니다.	〈진행/**상태**/완료〉	예 ドアがあいています。
❶ 아이가 울고 있습니다.	〈진행/상태/완료〉	❶ こども_____
❷ 지갑이 떨어져 있습니다.	〈진행/상태/완료〉	❷ さいふ_____
❸ 새가 하늘을 날고 있습니다.	〈진행/상태/완료〉	❸ とりがそら_____

▶ ❸번은 하늘이라는 목적어가 있습니다. 그래서 자동사 앞에 조사 「を」가 오는 것입니다.

연습3_ ~を 타동사 ている 〈진행〉

주의 ②「일본어」라는 목적어가 없다.

예 지갑을 고르고 있습니다.	〈진행/상태/완료〉	예 財布をえらんでいます。
❶ 노래를 부르고 있습니다.	〈진행/상태/완료〉	❶ 歌_____
❷ 선생님이 가르치고 있습니다.	〈진행/상태/완료〉	❷ 先生_____

▶ ❷번은 목적어가 생략되어 있습니다. 그래서 타동사 앞에 조사 「が」가 오는 것입니다.

연습4_ ～が 타동사 てある〈인위적 상태〉

예 문이 열어져 있습니다.	〈진행/상태/완료〉	예 ドアがあけてあります。
❶ 지갑이 놓여져 있습니다.	〈진행/상태/완료〉	❶ さいふ_____
❷ 자동차가 세워져 있습니다.	〈진행/상태/완료〉	❷ くるま_____

▶「～てある」는 타동사에만 붙어, 무조건적인 상태를 나타내는 문장이 된다.

정답
연습1) ① ③ ⑤ ⑦ ⑨ ⑪ ⑬ ⑮ ⑯ ⑳
연습2) ①がないています。②がおちています。③をとんでいます。
연습3) ①をうたっています。②がおしえています。
연습4) ①がおいてあります。②がとめてあります。

실력 키우기 문제

1 다음 자동사를 타동사로 바꿔 쓰세요.

1 終わる → _____ 2 落ちる → _____

3 開く → _____ 4 決まる → _____

5 並ぶ → _____ 6 止まる → _____

2 다음 문장에서 (진행/상태)를 골라 ○표 하세요.

1 鍵が掛かっています。(진행/상태)

2 ドアが開いています。(진행/상태)

3 子供が泣いています。(진행/상태)

4 歌を歌っています。(진행/상태)

3 「~を 타동사 ている」의 진행형을 만드세요.

1 ドアを開ける。_____

2 ゴミを拾う。_____

3 車を止める。_____

[**정답** **1** 1. 終える 2. 落とす 3. 開ける 4. 決める 5. 並べる 6. 止める **2** 1. 상태 2. 상태 3. 진행 4. 진행 **3** 1. ドアを開けている。 2. ゴミを拾っている。 3. 車を止めている。]

8 단계

가정/추측 표현

일본어의 가정 표현과 추측 표현은 어떻게 써야 할까요?
먼저 일본어의 가정 표현에는 「と・なら・ば・たら」이렇게 4가지가 있으며, 각각 다른 용법으로 사용되므로 잘 이해해야 합니다.
또한, 추측 표현에도 「ようだ・らしい・みたい・そうだ」이렇게 4가지가 있으므로, 복잡하더라도 확실히 익혀서 제대로 된 일본어를 구사하도록 합니다.

1 가정 표현

▶가정 표현은 그 접속 방법도 중요하고 사용법도 다르다.

1. 가정 표현의 4가지 종류

원 형	～ば (조건)	원형+と (진리)	원형+なら (행동보다 앞선 가정)	～たら (과거/현재/미래)
寒い	寒ければ	寒いと	寒いなら	寒かったら
好きだ	好きなら(ば)	好きだと	好きなら	好きだったら
飲む	飲めば	飲むと	飲むなら	飲んだら
食べる	食べれば	食べると	食べるなら	食べたら
来る	来れば	来ると	来るなら	来たら
する	すれば	すると	するなら	したら
車	車なら(ば)	車だと	車なら	車だったら

▶가정 표현에는 4가지 종류가 있다. 내가 어떤 가정 표현을 쓰느냐에 따라 상대방의 표정이 달라질 수 있다. 즉, 잘못 쓰면 상대방의 마음을 상하게 하거나 짜증나게 할 수도 있다는 것이다. 많은 학생들이 해석이 같다는 이유로 구별없이 쓰고 있는데 그것은 잘못된 사용법이므로, 이번 기회에 제대로 구분해 두자.

※가정 표현은 앞에 「もし(만약) / たとい = たとえ(ば)(예를 들면)」가 오는 것이 보통이다.

2. 사용 방법

1) **ば**   조건을 나타내는 가정
   (분석) 「~ば」는 선택의 조건이 두 개이며 아직 확정하지 못했고, 그래서 "~하면 ~하겠다"
   즉, "~하지 않으면 ~않겠다"의 양자 선택의 갈등에 쓰이는 표현이다.

2) **と**   필연적・습관적・변함없는 진리나 길 안내, 숫자 등에 쓰임
   (분석) 100% 확실할 때만 쓰인다. 그래서 사용 범위가 좁다.
   형용사, 형용동사, 동사의 종지형에 붙는 것으로 "~하면 반드시 ~한다"는 가정일 때 쓰인다.
   (기타) "~하자마자"의 의미도 있다.

3) **なら**   행동보다 먼저 일어나는 가정
   (분석) 형용사, 형용동사, 동사의 종지형에 붙는 것으로 "만약 ~한다면 ~가 좋다"라는 뜻으로,
   이미 선택의 결과가 확정일 때 쓰인다. 앞에는 「もし(만약)」가 많이 오는 것이 특징이다.

4) **たら**   연속 상황에서의 가정
   (분석) 가정형에서 가장 널리 쓰이는 표현으로 유일하게 과거, 현재, 미래의 가정을 표현할 수 있다.
   흔히 연속성을 나타내어 "~하거든 ~하라"에 쓰인다.

   ① 과거 : "~이었다면" → 과거 가정
   예) お金があったら食べたかもしれません。 돈이 있었으면 먹었을지도 모릅니다.

   ② 현재 : "~면" → 상대방에게 무언가를 권유할 때
   예) お金がなかったら払わないでください。 돈이 없으면 지불하지 마세요.

   ③ 미래 : "~거든" → 부탁할 때
   예) もっと、元気になったら遊びに来てください。 더 건강해지면 놀러 오세요.

   ④ 기타 : "~더니" → 개인의 경험에 의하여 예기치 못한 일이 발생했을 때
   예) 学校へ行ったらだれもいなかった。 학교에 갔더니 아무도 없었다.

❶ ～ば (～면) 〈뒤에 과거형 불가〉

조건을 나타내는 가정형입니다.

남이 하면 나도 한다는 식입니다. 바꿔 말하면, 남이 안 하면 나도 안 한다는 뜻이 됩니다. 뒤에는 과거형이 올 수 없으므로, 주의하세요.

문법 포인트

❶ お風呂がない	なければ	家を買いません。
❷ お金がない　＋	なければ	彼と結婚しません。
❸ あなたが行く	行けば	私も行きます。

[해석] ❶ 목욕탕이 없으면 집을 안 삽니다.
❷ 돈이 없으면 그와 결혼 안 합니다.
❸ 당신이 가면 나도 갑니다.

응용회화

1　あなたはなぜ結婚しませんか。 당신은 왜 결혼하지 않습니까?
　➡ お金があれば結婚します。 돈이 있으면 결혼합니다.

2　毎日部屋の掃除をしますか。 매일 방 청소를 합니까?
　➡ いいえ、時間があれば掃除をします。 아니요, 시간이 있으면 청소를 합니다.

▶ ～ば → 조건을 나타내는 가정 〈뒤에 과거형 불가〉
　　이것은 조건을 나타내는 가정 표현으로, '당신이 ～하면 나도 ～하겠다'는 뜻이다.
　　즉, '당신이 ～하지 않으면 나도 ～하지 않겠다'의 뜻이 된다.
　　특히 계약서(부동산 / 법률서류) 등에 많이 쓰이며, 잘 구별하여 사용할 필요가 있다. 「ば」를 잘못 쓰면 경제적인 손해를 보거나 책임까지도 져야 하니 더욱 조심해야 한다.

❷ ～と (~면) 〈뒤에 과거형 가능〉

가정형 중에서 특히 필연적이거나 변함없는 진리에 많이 쓰인다.

명확하지 않으면 쓰지 말아야겠죠? 100% 명확할 때만 쓰세요! 그래서 사용범위가 좁습니다.
특히 가이드할 때나 길을 안내할 때 많이 씁니다.

문법 포인트

❶ まっすぐ行く		トイレがあります。
❷ 右に行く	と +	公園があります。
❸ お酒を飲む		頭が痛くなります。

[해석] ❶ 똑바로 가면 화장실이 있습니다.
❷ 오른쪽으로 가면 공원이 있습니다.
❸ 술을 마시면 머리가 아파집니다.

응용회화

1 ちょっと聞きたいんですが、薬屋はどこにありますか。
    좀 여쭙고 싶은데요, 약국은 어디에 있습니까?
   → この道を真っ直ぐ行くと薬屋が見えます。 이 길을 똑바로 가면 약국이 보입니다.
   → 100メートル真っ直ぐ行って右に曲がると薬屋です。
    100미터 정도 똑바로 가서 오른쪽으로 돌면 약국입니다.

2 10から5を引くといくつになりますか。 10에서 5를 빼면 얼마가 됩니까?
   → 5になります。 5가 됩니다.

*聞く 듣다・묻다 / 真っ直ぐ 똑바로 / 曲がる 돌다 / いくつ 몇 개, 몇 살

▶ ～と → 필연적・습관적・변함없는 진리나 길 안내・숫자 등에 쓰임 〈뒤에 과거형 가능〉

「～と」는 아주 중요한 가정 표현의 하나로 결과가 100% 확실할 때 쓰인다. 특히 장소, 계절, 숫자, 습관, 물리 등 변함없는 진리나 명제를 나타낼 경우에 사용한다.

例 足すと(더하면) 引くと(빼면)
   分けると(나누면) 掛けると(곱하면)

※참고로, 「동사의 원형+と」가 되면, '～하자마자'의 뜻이 됩니다.

❸ ～なら (~면) 〈뒤에 과거형 불가〉

이 가정형은 어떤 선택의 결과가 확정되었고 이왕에 할거면 이것을 하라고 권할 때 쓰는 표현입니다.

과거형에는 쓸 수 없다는 것, 기억하세요!

문법 포인트

	なら +	
❶ 勉強する		図書館が一番いいです。
❷ 留学する		日本が一番いいです。
❸ 肉を食べる		牛肉が一番いいです。

[해석] ❶ 공부할 거라면 도서관이 가장 좋습니다.
❷ 유학할 거라면 일본이 가장 좋습니다.
❸ 고기를 먹을 거라면 소고기가 가장 좋습니다.

응용회화

1 彼女と旅行するならどこが一番いいですか。 그녀와 여행한다면 어디가 제일 좋습니까?
   ➡ 済州島が一番いいです。 제주도가 제일 좋습니다.

2 留学するならどの国が一番いいですか。 유학한다면 어느 나라가 제일 좋습니까?
   ➡ それは日本です。 그것은 일본입니다.

▶ ～なら → 행동보다 먼저 일어나는 가정 〈뒤에 과거형 불가〉

형용사, 형용동사, 동사의 종지형에 붙으며, "만약 ~한다면 ~가 좋다"는 뜻으로 이미 선택의 결과가 확정일 때 쓰인다. 앞에는 「もし」라는 부사가 많이 온다.

예 もし留学に行くなら日本が一番いいです。 만약 유학을 간다면 일본이 가장 좋습니다.

❹ ～たら (～면) 〈뒤에 과거・현재・미래 가정 가능〉

가장 많이 쓰이는 가정 표현으로, 과거・현재・미래의 가정을 모두 나타낼 수 있습니다.

た형에 접속하여 연속 상황에서의 가정을 나타낸다는 것, 기억해두세요!

문법 포인트

❶ 雨が降る	降ったら	行きません。
❷ お金がある	あったら	食べたかもしれません。
❸ 金さんが到着する	したら	連絡してください。
❹ 学校へ行く	行ったら	誰もいませんでした。

[해석] ❶ 비가 내리면 가지 않습니다.
❷ 돈이 있으면 먹었을지도 모릅니다.
❸ 김 씨가 도착하거든 연락해 주세요.
❹ 학교에 갔더니 아무도 없었습니다.

응용회화

1　学校に誰かいましたか。 학교에 누군가 있었습니까?

　➡ いいえ、学校へ行ったら誰もいませんでした。 아니요, 학교에 갔더니 아무도 없었습니다.

2　明日日本へ行ってもいいですか。 내일 일본에 가도 됩니까?

　➡ はい、いいですよ。到着したら連絡してください。 네, 됩니다. 도착하거든 연락해 주십시오.

▶ ～たら → た형에 접속하며, 연속 상황에서의 가정을 나타낸다.
　　　　　가정 표현에서 가장 많이 쓰이며, 유일하게 과거, 현재, 미래의 가정 모두를 표현할 수 있다.
　　　　　흔히 연속성을 나타내어 "～하거든 ～하라"에 쓰인다.
　　　　　①과거 → "～이었다면" → 과거 가정
　　　　　②현재 → "～면" → 상대방에게 무언가를 권유할 때
　　　　　③미래 → "～거든" → 부탁할 때
　　　　　④기타 → "～더니" → 개인의 경험에 의하여 예기치 못한 일이 발생했을 때

8단계 가정/추측 표현

2 추측 표현

▶추측 표현은 사용법이 무척 어렵다. 많은 학생이 가장 고민하는 문법이다. 우선 4가지 종류가 있다.

1. 추측 표현의 4가지 종류

원 형	연체형+ようだ (정보와 근거)	원형+らしい (객관적인 판단)	원형+みたい (비유)	연용형+そうだ (시각적인 판단)
寒い	寒いようだ	寒いらしい	寒いみたい	寒そうだ
好きだ	好きなようだ	好きらしい	好きみたい	好きそうだ
飲む	飲むようだ	飲むらしい	飲むみたい	飲みそうだ
食べる	食べるようだ	食べるらしい	食べるみたい	食べそうだ
来る	来るようだ	来るらしい	来るみたい	来そうだ
する	するようだ	するらしい	するみたい	しそうだ
りんご	りんごのようだ	りんごらしい	りんごみたい	×
女	女のようだ	女らしい	女みたい	×

Tip

특히 추측형은 일본어를 배우는 학생들에게 있어서 최고의 난코스이다. 고도의 감정과 감각을 나타내는 기술이기 때문이다. 그 나라에 태어나 자라지 않고는 사용하기 어렵다고들 한다. 그러나 조금만 들여다보면 사용 요령이 생긴다. 우선 다음 페이지를 보면서 설명하겠다.

2. 사용 방법

1) **そうだ** (양태) → 모양과 생김새와 시각에 의한 의존성이 강하다.
   ① あの木は倒れそうですね。저 나무는 쓰러질 것 같군요.
   ② 金さんは泣きそうですね。김 씨는 울 것 같군요.
   ③ 今日は雨が降りそうもないですね。오늘은 비가 내릴 것 같지도 않군요.

   (문법) "そう＋だ (형용동사 활용)
   → そうです / そうで / そうだった / そうだったり / そうだったら / そうな / そうなら / そうだろう

2) **らしい** (확실) → 객관적인 사실, 근거에 의한 추측
   A：朴さんは病気ですか。박 씨는 아픕니까?
   B：いいえ、元気らしいです。아니요. 건강한 것 같습니다.
   A：部屋から音が聞えました。방에서 소리가 들렸습니다.
   B：誰かいるらしいですね。누군가 있는 것 같군요.

   (문법) らしい (형용사 활용)
   → らしくて / らしかった / らしかったり / らしかったら / らしければ

3) **ようだ** (불확실) → 막연한 불확실성에 근거한 추측
   ① バスより地下鉄が安全なようです。버스보다 지하철이 안전한 것 같습니다.
   ② 日本語は難しいようです。일본어는 어려운 것 같습니다.
   ③ 先生はいないようです。선생님은 안 계신 것 같습니다.

   (문법) よう＋だ (형용동사 활용)
   → ようで / ようだった / ようだったり / ようだったら / ような(연체) / ようなら(가정) / ようだろう(추측)

4) **みたいだ** (회화체) → 「ようだ」의 회화체 대용으로 많이 쓰인다.
   ① 玄関に誰か来たみたいですね。현관에 누가 온 것 같군요.
   ② もう卒業したみたいです。이미 졸업한 것 같습니다.
   ③ 日本語は難しいみたいですね。일본어는 어려운 것 같네요.

   (문법) みたい＋だ (형용동사 활용)
   → みたいで / みたいだった / みたいだったり / みたいだったら

❶ ～ようだ (~인 것 같다)
(형용사/동사의 연체형/형용동사의 な형/명사＋の)＋ようだ

지극히 주관적으로 내리는 불확실한 추측을 나타낸다는 것, 기억해두세요!

문법 포인트

	は +		ようです。
❶ あの人		まるで人形の	
❷ 先生		お酒を飲む	
❸ 友達		元気ではない	

[해석] ❶ 저 사람은 마치 인형 같습니다.
　　　❷ 선생님은 술을 마시는 것 같습니다.
　　　❸ 친구는 건강하지 않은 것 같습니다.

응용회화

1　あなたは新聞を読みましたか。당신은 신문을 읽었습니까?
　➡ はい、読みました。もうすぐ金剛山へ行けるようですね。
　　　네, 읽었습니다. 이제 곧 금강산에 갈 수 있을 것 같습니다.

2　あのビルは見えますか。저 빌딩은 보입니까?
　➡ はい、見えます。まるでマッチ箱のようです。 네, 보입니다. 마치 성냥갑 같습니다.

＊もうすぐ 머지않아 / 行ける 갈 수 있다 / まるで 마치, 흡사

▶ 지극히 주관적인 추측으로 막연한 정보나 근거, 소문, 유언비어 또는 불확실한 근거에 입각하여 판단하는 추측이다.
「～らしい」에 비하여 신중하지 않고 가볍게 쓸 수 있는 표현으로 「～らしい」 보다는 널리 쓰이고 있다.
여기서 중요한 것은 「～らしい」와 「～ようだ」를 명확하게 구별할 수 있는 방법은 없다는 것이다. 다만 어느 것으로 자신의 상태를 표현할 것인가가 중요하다.
　예 何も食べていないらしいですね。(＝何も食べていないようですね。)
　　　비유 → 彼女は(まるで)人形のようです。
▶ ようだ가 비유로 쓰일 때 앞에는「まるで / さも / あたかも / さながら / ちょうど」등이 흔히 온다.
▶「동사 원형＋よう＋に」(~하도록)
　예 お酒を飲まないように気をつけてください。술을 먹지 않도록 신경을 쓰세요.

❷ ～らしい (~인 것 같다)
(형용사/동사의 종지형/형용동사의 어간/명사) + らしい

> 머리로 생각하는 추측입니다! 즉, 시각적인 추측이 아니라 그 동안의 여러 경험에 의한 지극히 객관적인 판단에 의한 추측이라 하겠지요. 따라서 정확도가 아주 높습니다.

문법 포인트

❶ 風邪を引く	引いたらしいです。
❷ 外は寒い +	寒いらしいです。
❸ 彼は元気だ	元気らしいです。

[해석] ❶ 감기에 걸린 것 같습니다.
❷ 밖은 추운 것 같습니다.
❸ 그는 건강한 것 같습니다.

응용회화

1. 朴さんは昨日済州島へ行きましたよ。 박 씨는 어제 제주도에 갔어요.
 ➡ 朴さんは暇らしいですね。 박 씨는 한가한 것 같군요. (듣고 있던 어떤 사람의 추측)

▶ 거의 명확하다고 느낀 객관적인 사실에 근거한 추측을 나타내는 표현이다.
　명확한 추측을 하려는 의지에서 볼 때 신중성을 기해야 하므로 「～ようだ」보다는 사용 범위가 그만큼 좁다고 할 수 있다.
　예 結婚するそうです。 결혼한다고 합니다. → 結婚するらしいです。 결혼할 것 같습니다.
　※이처럼 전문의 「～そうだ」를 「～らしい」로 조심스럽게 표현할 때 쓰인다.

▶ 「명사 + らしい」 → '~답다 / ~스럽다'의 뜻을 나타내는 접미어 표현도 있다는 것을 알아두어야 한다.
　예 この人は男らしいです。 이 사람은 남자답습니다.
　※あの人はきのう会った男らしいです。 저 사람은 어제 만난 남자인 것 같습니다.

❸ ~みたいだ (~인 것 같다)
(い형용사/な형용사/동사의 종지형/명사) + みたいだ <だ → な> + ん(の)です

「~みたいだ」는 회화체, 「~ようだ」는 문법체라고도 하죠!

많은 학생들이 「~みたい」를 「みる+たい」로 착각합니다. 근데 이것은 '보고 싶다'가 아니고 「みたい+だ(~인 것 같다)」 즉, な형용사입니다.

문법 포인트

❶ この店(みせ) は + 休(やす)みみたいなん(の)です。

❷ 金さん は + 元気(げんき)みたいなん(の)です。

❸ 彼女(かのじょ) + もう卒業(そつぎょう)したみたいなん(の)です。

[해석] ❶ 이 가게는 휴일인 것 같습니다.
❷ 김 씨는 건강한 것 같습니다.
❸ 그녀는 벌써 졸업한 것 같습니다.

응용회화

1 あなたも彼女(かのじょ)を見(み)ましたか。 당신도 그녀를 보았습니까?
→ はい、見ました。彼女は人形(にんぎょう)みたいでした。 네, 보았습니다. 그녀는 인형 같았습니다.
→ 彼女はバラみたいにきれいでした。 그녀는 장미처럼 예뻤습니다.

＊バラ 장미

▶「~みたい」는「~みたいだ」가 기본형이며,「~ようだ」의 회화체라고도 한다. 특히, 젊은 층에서 많이 쓴다.
　예 彼女は人形みたいですね。 그녀는 인형 같군요. 〈비유〉 →「~みたいだ」는 비유로,「~ようだ」는 추측으로 많이 쓰인다.
　　　私みたいな人はだめですね。 나 같은 사람은 안 되겠네요. 〈예시(추측)〉

▶ な형용사 끝에「だ」→「なん(の)です」의 형태가 된다. 여기서「ん」은 회화체이며,「の」는 문법체이다.
　예 元気みたいなんです。 건강한 것 같습니다. 〈회화체〉
　　　元気みたいなのです。 건강한 것 같습니다. 〈문법체〉

❹ ~そうだ (~인 것 같다)

(형용사/형용동사/동사의 ます형) + そうだ

모양과 태도를 보고 판단하는 지극히 시각에 의존하는 경향이 강한 표현입니다.

외형의 모양과 생김새를 나타내는 추측이며, 동사의 ます형에 접속된다는 것, 꼭 기억하세요.

문법 포인트

❶ 子供(こども)		泣(な)く	泣きそうです。
❷ 明日(あした)	は +	寒(さむ)い	寒そうです。
❸ 金さん		暇(ひま)だ	暇そうです。

[해석] ❶ 아이는 울 것 같습니다.
❷ 내일은 추울 것 같습니다.
❸ 김 씨는 한가한 것 같습니다.

응용회화

1 空(そら)が高(たか)いですね。今日(きょう)はいい天気(てんき)になるでしょうか。
하늘이 높군요. 오늘은 날씨가 좋아질까요?

→ いいえ、雨(あめ)が降(ふ)りそうですね。 아니요, 비가 내릴 것 같군요.

→ 天気はよくなさそうですね。 날씨는 좋지 않을 것 같군요.

※「ない/よい」는「なさそうです/よさそうです」가 된다.

▶ 명확히 확인하지는 못 했지만, 단지 눈으로 본 외견상의 모양과 성질, 생김, 표정 등을 추측하는 것으로 様態(모양 양/ 태도 태)라고 하는데, 말하는 사람의 직감적이고 주관적인 판단이 강하다.

특히「よい/ない」는 끝에「い」가「さ」로 바뀌어「よさそうだ/なさそうだ」가 된다.

참고로, 「원형+そうだ」는 '~라고 한다' 〈전문〉

▶「そうだ」의 부정표현
①そうでない ②そうにない ③そうもない ④そうにもない

실력 키우기 문제

1 「～ば」를 이용해서 문장을 완성하세요.

1　金さんが（　　　　）私も行きます。（行く）

2　天気が（　　　　）旅行に行きます。（いい/よい）

3　価格が（　　　　）買いません。（高い）

2 「～と」를 이용해서 문장을 완성하세요.

1　春が（　　　　）花が咲きます。（来る）

2　この道を真っ直ぐ（　　　　）薬屋です。（行く）

3　10から4を（　　　　）6になります。（引く）

3 「～なら」를 이용해서 문장을 완성하세요.

1　旅行に（　　　　）金剛山が一番です。（行く）

2　勉強を（　　　　）図書館がいいです。（する）

3　もし肉を（　　　　）豚肉が一番いいです。（食べる）

4 「〜たら」를 이용해서 문장을 완성하시오.

1 価格が（　　　　　）買わなかった。（高い）

2 金さんも（　　　　　）驚きますよ。（食べる）

3 明日天気が（　　　　　）行かないでください。（良くない）

4 学校へ（　　　　　）誰もいなかった。（行く）

5 다음 중 용법이 나머지 셋과 다른 문장을 고르세요.
① 私は男らしい男と結婚したいです。
② あの選手は見るからに強そうです。
③ あの人が問題の人らしいです。
④ 朴さんの発音は正しくなさそうです。

＊〜からに 〜기에

6 다음 중 용법이 나머지 셋과 다른 문장을 고르세요.
① 朴さんは親切そうです。
② あのロボットは人間みたいです。
③ 金さんは頭が良さそうです。
④ それは車だそうです。

7 다음을 우리말로 해석하세요.

1　この状態(じょうたい)なら問題(もんだい)はなさそうです。
　　_____

2　朴さんはもうご飯(はん)を食(た)べたそうです。
　　_____

3　彼女(かのじょ)はまるでバラのように美(うつく)しいです。(비유)
　　_____

4　朴さんのように勉強(べんきょう)してください。(예시)
　　_____

5　家(うち)に朴さんが来(き)ているようです。(불확실한 단정)
　　_____

[정답　**1** 1. 行けば 2. よければ 3. 高ければ **2** 1. 来ると 2.行くと 3.引くと **3** 1. 行くなら 2. するなら 3. 食べるなら **4** 1. 高かったら 2. 食べたら 3. 良くなかったら 4. 行ったら **5** ①〈②~④는 추측〉 **6** ④〈①~③은 양태〉 **7** 1. 이 상태라면 문제는 없을 것 같습니다. 2. 박 씨는 이미 밥을 먹었다고 합니다. 3. 그녀는 마치 장미처럼 아름답습니다. 4. 박 씨처럼 공부해 주세요. 5. 집에 박 씨가 와 있는 것 같습니다.]

9 단계

가능 표현

가능 표현이란, '~할 수 있다'라는 뜻을 나타냅니다.
가능을 나타내는 표현에는 크게 4가지가 있으며, 그 표현 중에는 회화로 쓰이는 표현도 있고 독해를 위해 만들어진 표현도 있습니다. 가능 표현의 각각의 쓰임과 용도가 어떻게 다른지 이제부터 살펴보도록 하겠습니다.

1 가능 동사

1. 가능 동사란?
"~할 수 있다"의 표현이며 그 방법에는 기본적으로 4가지 종류가 있다.
1) 원형+ことができる → 가장 쓰기 편하고 알아듣기도 편하여 회화체에 가장 많이 쓰이는 표현이다.
2) (ら)れる → 가능, 존경, 자발, 수동 등의 다양한 뜻을 가지고 있고, 그래서 혼란을 야기할 소지가 있어 회화에는 잘 쓰이지 않는다. 단, 시험을 보는 자는 필수!
3) 5단 동사가 え단으로 바뀌는 가능 동사 → 5단 동사의 어미를 え단으로 바꾸고「る」를 붙이는 표현이다.
4) する → できる → する의 가능동사이다. 그러나 상항에 따라 다음 4가지의 의미를 가진다.
   ①할 수 있다(가능) ②임신하다(임신) ③잘하다(칭찬) ④만들어지다(재료)

5단 동사			상1단 동사		변격 동사		변격 동사		
飲む			見る		来る		する		
방법1	방법2	방법3	방법1	방법2	방법1	방법2	방법1	방법2	방법3
飲むことができる	飲まれる	飲める	見ることができる	見られる	来ることができる	来られる	することができる	される	できる

2. 각 동사별 가능 표현

5단 동사　　　가능동사 만드는 방법이 3가지 있다.
　飲む(마시다)　→ ①飲むことができる　②飲まれる　③飲める
　書く(쓰다)　→ ①書くことができる　②書かれる　③書ける

상1단/하1단 동사　　가능동사 만드는 방법이 2가지 있다.
　見る(보다)　→ ①見ることができる　②見られる
　食べる(먹다)　→ ①食べることができる　②食べられる

변격 동사　　가능동사 만드는 방법이 2가지 있다.
　来る(오다)　→ ①来ることができる　②来られる

변격 동사　　가능동사 만드는 방법이 3가지 있다.
　する(하다)　→ ①することができる　②される　③できる

❶ 동사 원형+ことができる (~할 수 있다)

모든 동사에 사용할 수 있는 가장 많이 쓰이는 가능 표현입니다.
동사의 원형에 접속되어 활용한다는 것, 기억해 두세요.

문법 포인트

❶ 料(りょう)理(り)   作(つく)ることができます。
❷ 日(に)本(ほん)語(ご) を 話(はな)すことができます。
❸ お酒(さけ)   飲(の)むことができます。

[해석] ❶ 요리를 만들 수 있습니다.
❷ 일본어를 이야기할 수 있습니다.
❸ 술을 마실 수 있습니다.

응용회화

1 あなたは一(ひと)人(り)で釜山へ行(い)くことができますか。 당신은 혼자서 부산에 갈 수 있습니까?
 ➡ はい、一人で行くことができます。 네, 혼자서 갈 수 있습니다.
 ➡ いいえ、一人で行くことができません。友(とも)達(だち)と一(いっ)緒(しょ)に行きます。
   아니요, 혼자서 갈 수 없습니다. 친구와 함께 갑니다.

2 あなたはボシンタンを食(た)べることができますか。 당신은 보신탕을 먹을 수 있습니까?
 ➡ はい、食べることができます。 네, 먹을 수 있습니다.

▶「동사 원형+ことができる」는 가장 사용하기 편하고 듣기 편한 가능 표현이다. 따라서 회화체에서 많이 쓰인다.
 예 飲(の)むことができる。 마실 수 있다.   見(み)ることができる。 볼 수 있다.
    来(く)ることができる。 올 수 있다.   することができる。 할 수 있다.

❷ ～が ～(ら)れる (~을/를 ~할 수 있다)

「～(ら)れる」는 회화에서는 많이 쓰이지 않는 가능 표현입니다.
그 이유는 4가지의 의미를 동시에 가지고 있어 는 상대방에게 혼동을 줄 수 있기 때문입니다.

문법 포인트

❶ 刺身	が	+	食べる	食べられます。
❷ お酒	が		飲む	飲まれます。
❸ 30分	で		行く	行かれます。

[해석] ❶ 회를 먹을 수 있습니다.
❷ 술을 마실 수 있습니다.
❸ 30분 안에 갈 수 있습니다.

응용회화

1 デパートで何ができますか。 백화점에서 무엇을 할 수 있습니까?
  ➡ ご飯が食べられます。 밥을 먹을 수 있습니다.

2 図書館で何ができますか。 도서관에서 무엇을 할 수 있습니까?
  ➡ 本が借りられます。 책을 빌릴 수 있습니다.

▶ 「～(ら)れる」의 접속 방법은 5단 동사는 어미를 아단으로 바꾸고 「れる」를 붙이며, 상1단/하1단 동사는 「る」를 떼고 「られる」를 붙인다. 변격 동사 「する」는 「される」, 「くる」는 「こられる」가 된다.

▶ 5단 동사의 「～(ら)れる」는 회화에서 거의 쓰이지 않는다.
「～(ら)れる」는 ①가능 ②존경 ③자발 ④수동/수신(うけみ) 등 네 가지 해석을 가지고 있다. 즉, 혼동을 줄 수 있기 때문이다.
※주의! 「せる+れる → せられる」가 되면 '시킴을 당하다'의 표현이 만들어지기도 한다. 이 말을 이해하기 쉽게 의역하면 '할 수 없이 ~하다'의 뜻이 된다.

▶ 가끔 회화에서는 「ら」가 생략되는 경우도 있다.
  예 食べられる → 食べれる 〈축약형〉
    見られる → 見れる 〈축약형〉
※「～(ら)れる」가 가능으로 쓰일 때 앞에 오는 조사 「が」는 '~을(를)'로 해석한다.

❸ ~が 読める (~을/를 읽을 수 있다) 〈5단동사의 え단+る〉

5단 동사(1그룹 동사)에만 쓰이는 え단 가능 동사입니다. 꼭! 5단 동사에만 쓰여요!

이때 조사는 「が」를 써야 하지만, 경우에 따라서는 「を」를 쓸 때도 있습니다!

문법 포인트

❶ 日本語	が		話す	話せます。
❷ お酒	が	+	飲む	飲めます。
❸ 30分	で		行く	行けます。

[해석] ❶ 일본어를 이야기할 수 있습니다.
❷ 술을 마실 수 있습니다.
❸ 30분 안에 갈 수 있습니다.

응용회화

1 あなたは一人で行けますか。 당신은 혼자서 갈 수 있습니까?
  ➡ はい、行けます。 네, 갈 수 있습니다.
  ➡ いいえ、行けません。 아니요, 갈 수 없습니다.

2 あなたは日本語の本が読めますか。 당신은 일본어 책을 읽을 수 있습니까?
  ➡ いいえ、まだ読めません。 아니요, 아직 읽을 수 없습니다.

✱ まだ 아직

▶ 5단 동사(1그룹 동사)의 마지막 글자를 え단으로 바꾸고 그 뒤에 「る」를 붙여 만드는 가능 표현이다.
앞에 오는 조사는 「が」를 쓰지만 회화의 경우에는 「を」를 쓰는 경우도 있다.
예 お金をおろせる。 돈을 찾을 수 있다. ※おろす 내리다 → おろせる 내릴 수 있다

▶ 한편, 「ある / ふる / さく / わかる / ふく」처럼 가능 동사를 만들 수 없는 단어도 있으므로 주의가 필요하다.

❹ ～が できる (～을/를 할 수 있다) 〈する대신에 쓰임〉

「する」의 가능 동사입니다.

가능 동사 앞에 조사 「が」가 온다는 것, 정말 중요하죠? 「を」를 쓰면 틀려요!
단, 「～も(～도)/ ～へ(～로)/ ～で(～에서)/ ～に(～에)」 등은 쓸 수 있답니다!

문법 포인트

❶ 料理(を)する。 → 料理ができます。
❷ サッカー(を)する。 → サッカーができます。
❸ 野球(を)する。 → 野球ができます。

[해석] ❶ 요리를 할 수 있습니다.
❷ 축구를 할 수 있습니다.
❸ 야구를 할 수 있습니다.

응용회화

질문1   運動場で何ができますか。 운동장에서 무엇을 할 수 있습니까?
　　　 ➡ サッカーができます。 축구를 할 수 있습니다.
　　　 ➡ テニスができます。 테니스를 할 수 있습니다.

질문2   部屋で何ができますか。 방에서 무엇을 할 수 있습니까?
　　　 ➡ 勉強ができます。 공부를 할 수 있습니다.
　　　 ➡ ゲームができます。 게임을 할 수 있습니다.

▶「できる(～할 수 있다)」는 보통 「する」의 가능 동사로만 쓰이는 것으로 알고 있다.
　그러나 상황에 따라서는 다음과 같은 3가지 표현으로도 사용되므로 함께 기억해 두자.
　예 ①よくできました。 참 잘했어요. 〈칭찬 할 때〉
　　 ②子供ができました。 아이가 생겼습니다. 〈임신〉
　　 ③木でできました。 나무로 만들어졌습니다. 〈재료〉

확인학습

연습1_ 원형+ことができる

예 のむ	5단	のむことができる 마실 수 있다	のむことができます 마실 수 있습니다	마시다
❶ つくる	5단			만들다
❷ くる	변격			오다

연습2_ ～(ら)れる 여러 가지 뜻을 가지고 있으므로 회화에서는 피하는 게 좋다.

예 のむ	5단	のまれる 마실 수 있다	のまれます 마실 수 있습니다	마시다
❶ たべる	하1단			먹다
❷ くる	변격			오다

연습3_ 5단 동사 마지막 글자 「え단 + る」

예 のむ	5단	のめる 마실 수 있다	のめます 마실 수 있습니다	마시다
❶ おどる	5단			춤추다
❷ はなす	5단			말하다

※하1단 동사가 되면서 가능 동사가 됩니다.

연습4_ できる 붙이기

예 する	변격	できる 할 수 있다	できます 할 수 있습니다	변격동사
❶ 旅行する	변격			여행하다
❷ 散歩する	변격			산책하다

확인학습 정답

연습1) ①つくることができる / つくることができます ②くることができる / くることができます
연습2) ①たべられる / たべられます ②こられる / こられます
연습3) ①おどれる / おどれます ②はなせる / はなせます
연습4) ①旅行できる / 旅行できます ②散歩できる / 散歩できます

실력 키우기 문제

1 다음 문장 중에서 틀린 것은?

① 勉強することができます。
② 本を借りることができます。
③ レポートを書くことができます。
④ 日本語を知ることができます。

2 다음 문장 중에서 그 밖의 것과 다른 하나는?

① 新聞が読まれます。
② レポートが書かれます。
③ 日本語の本が借りられます。
④ 昨日電車でお金をとられました。

3 다음 질문의 답으로 틀린 것은?

デパートで何ができますか。

① 買い物ができます。
② 食事ができます。
③ 服ができます。
④ 注文ができます。

4 다음 문장 중에서 용법이 다른 하나는?

① 本が買えます。
② 映画が見れます。
③ 電車に乗れます。
④ お酒が飲めます。

[**정답 및 해설** **1** ④ (しる는 가능 동사를 만들 수 없는 단어) **2** ④ (とられる는 여기서 수동을 나타낸다.) **3** ③ (服는 する가 붙을 수 없는 단어 〈동작성 명사에만 する가 붙음〉) **4** ② (みる는 상1단 동사이므로 え단 가능이 안 됨)]

10 단계

존경 표현

존경 표현을 보면 그 나라의 예절을 볼 수 있다고 합니다.
하지만 지나친 경어 표현은 도리어 부담을 주기도 합니다.
그러나 경어를 효과적으로 선별하여 사용한다면 보다 예의를 갖춘 한 단계 업그레이드된 일본어 표현을 익히게 될 것입니다.

1 존경어와 겸양어

1. 존경어와 겸양어

경어에는 존경어와 겸양어가 있다. 존경어는 상대를 높여 줌으로서 경의를 나타내는 표현이고, 겸양어는 자신을 낮춤으로서 상대적으로 상대방을 높이게 되는 형태를 취해 경의를 나타내는 표현이다. 다음 표에 나오는 경어들을 익혀 보자.

겸양어	보통어	존경어
❶ 参る(まい)	行く(い)・来る(く)	❶ いらっしゃる 오시다 / 가시다
❷ 居る(お)	いる	いらっしゃる 계시다
❸ いただく 먹다, 마시다, 받다	食べる(た)・飲む(の)	❷ めしあがる 드시다
❹ いただく(=頂戴(ちょうだい)する)	もらう	×
❺ 申す(もう) 말씀드리다	言う(い)	❸ おっしゃる 말씀하시다
❻ 拝見(はいけん)する	見る(み)	❹ ご覧(らん)になる 보시다
❼ うかがう	聞く(き)・訪ねる(たず)	×
❽ お目(め)にかかる 뵙다	会う(あ)	×
❾ 存(ぞん)じる	知る(し)	❺ ご存(ぞん)じです 알고 계시다
❿ 致す(いた)	する	❻ なさる 하시다
⓫ さし上(あ)げる 드리다	やる・あげる	×

⊙ **경어 음편**
경어에 「ます」가 붙을 때 る → い로 바뀐다.
① いらっしゃる → いらっしゃいます (오십니다, 가십니다, 계십니다)
② おっしゃる → おっしゃいます (말씀하십니다)
③ なさる → なさいます (하십니다)
④ ござる → ございます (있습니다)
⑤ くださる → くださいます (주십니다)

⊙ **참고**
①「ます」의 가정 표현으로는「ますれば」보다「ましたら/ますと」를 많이 쓴다.
②「ます」의 명령 표현으로는「ませ/ まし」를 쓰는 것이 좋다.
③「ます」의 존경어는「まし」이다.「ませ/마시」는 일반 동사에는 쓰이지 않는다.

한마디! 보통어를 쓰는 것이 가장 무난하지만, 더욱 정중한 표현을 원할 때 경어를 쓴다.
　　　　경어를 쓰면 본인은 겸손해야 하므로 겸양어를 쓰는 것이 보통이다.
　　　　회화를 잘 하려면 존경어 6개, 겸양어 11개는 기본적으로 외워두어야 한다.
⊙ いただきます。(잘 먹겠습니다.) ↔ ごちそうさまでした。(잘 먹었습니다.)
※분석 : ご(접두어) / ちそう(맛있는 음식) / さま(님) / でした(~이었습니다)

2. 경어를 만드는 공식

▶ **존경어 틀**
① お(ご)+ます형+になる ② お(ご)+ます형+ください ③ ～(ら)れる

▶ **겸양어 틀**
① お(ご)+ます형+いたす

▶ **접두어는 왜 붙일까요?**

① 존경 → 상대방에 관련된 물건과 그 사람에게 붙는다.
   예) おかえり / お手紙 / お兄さん

② 미화 → 음식이나 여성이 쓰는 물건, 또는 단순히 말을 부드럽게 하고자 할 때 쓴다.
   예) お金 / お茶 / ご本

③ 관용 → 경의나 미화가 없고 단순히 관용의 형태로 「お」또는 「ご」가 붙는다.
「お」는 주로 순수한 일본어에, 「ご」는 주로 한자어에 붙는다.
   예) お菓子 / おとなり

※ 접두어 종류 : ① お名前 ② ご存じ ③ おみ足 ④ 御仏 ⑤ おん身 ⑥ 尊父
⑦ 高名 ⑧ 真昼 ⑨ 真中 ⑩ 真白 ⑪ 貴下

❶ お 〜になります (〜하십니다)

최상급의 경어를 나타내는 표현입니다.
접속은 「お+동사의 ます형+になる」가 된다는 것, 기억하세요!

문법 포인트

❶ 田中さん	は +	今本を読む	お読みになります。
❷ 先生		今英語を教える	お教えになります。
❸ 金さん		今家へ帰る	お帰りになります。

[해석]
❶ 다나카 씨는 지금 책을 읽으십니다.
❷ 선생님은 지금 영어를 가르치십니다.
❸ 김 씨는 지금 집에 돌아가십니다.

응용회화

1 社長はどこにいますか。 사장님은 어디에 있습니까?
→ もうお宅へお帰りになりました。 이미 댁으로 돌아가셨습니다.

2 部長は今何を飲んでいますか。 부장님은 지금 무엇을 마시고 있습니까?
→ ジュースをお飲みになっています。 주스를 마시고 있습니다.

＊お宅 댁

▶ 경어를 만드는 방법
① 존경어를 만드는 방법은 「お+동사의 ます형+になる」이다.
② 겸양어를 만들 때는 「お+동사의 ます형+いたす」이다.
③ 기타 「ご+동작성 명사+する」 예 ご案内する。 안내하다.
　예 案内+になる/+なさる/+くださる/+あそばす(「する」의 경어) 등이 붙어서 정중한 표현이 된다.

❷ お～ください(ました) ~해 주세요(~해 주셨습니다)

약간의 격식이 필요 할 때 쓰이는 경어로, 평상시에 많이 사용하는 표현입니다.
접속은 「お+동사의 ます형+ください(ました)」가 됩니다.

문법 포인트

❶ 田中さん		本を読む。	お読みくださいました。
❷ 先生	が +	日本語を教える。	お教えくださいました。
❸ 先輩		レポートを書く。	お書きくださいました。

[해석] ❶ 다나카 씨가 책을 읽어 주셨습니다.
❷ 선생님이 일본어를 가르쳐 주셨습니다.
❸ 선배님이 리포트를 써 주셨습니다.

응용회화

1 ああー、疲れた。 아아, 피곤해!
  → ゆっくりお休みください。 푹 쉬세요.

2 ああー、お腹がすいた。 아아, 배고파!
  → どうぞお食べください。 어서 드세요.
  → ミルクでもお飲みください。 우유라도 드세요.

＊疲れる 피곤하다 / ゆっくり 천천히, 푹 / お腹がすく 배가 고프다

▶ ①존경어 만드는 방법 : 「동사의 ます형+ください」 앞에 お를 붙여 경어를 만든다.
  예 お食べください → 이것은 「食べてください」보다 더 격식을 차린 표현이 된다.
  ②겸양어 만드는 방법 : 「お+동사의 ます형+なさる」 → 여기에 「なさる」 대신 「いたす」를 쓰면 겸양어가 된다.
▶ 「～でも」를 해석하는 3가지 경우
  ①りんごでも 사과라도 ②新村でも 신촌에서도 ③でも 그렇지만

❸ ~(ら)れる (~하시다) 〈가능・존경・자발・수동〉

회화에서 많이 쓰이지는 않습니다. 그러나 독해나 시험을 준비하는 학생에게는 너무나 중요한 문장입니다.
↳ 4가지 뜻 중에서 존경을 뜻하는 표현을 공부하겠습니다.

문법 포인트

❶ 田中さん	は +	本を読む。	読まれました。
❷ 先生		英語を教える。	教えられました。
❸ 金さん		椅子に座る。	座られました。

[해석] ❶ 다나카 씨는 책을 읽으셨습니다.
❷ 선생님은 영어를 가르치셨습니다.
❸ 김 씨는 의자에 앉으셨습니다.

응용회화

1 この手紙は誰が書かれましたか。 이 편지는 누가 쓰셨습니까?
 ➡ 田中先生が書かれました。 다나카 선생님이 쓰셨습니다.

2 社長はどこへ行かれましたか。 사장님은 어디에 가셨습니까?
 ➡ 釜山へ行かれましたが、今日帰られます。 부산에 가셨는데, 오늘 돌아오십니다.
 ➡ 日本へ行かれました。 일본에 가셨습니다.

▶ 「~(ら)れる」는 다양한 의미를 가지는데, 그 중에서도 여기서는 존경을 나타낸다. 접속 방법은 앞의 가능형에 나왔던 방법과 동일하다.
 ◈ 가능 → ①~할 수 있다
 ◈ 존경 → ②~하시다
 ◈ 자발 → ③~하게 되다
 ◈ 수동 (= 수신 = うけみ) → ④~해지다 ⑤~당하다

확인학습

연습1_ お + 동사의 ます형 + になる

예 かえる	예외) 5단	おかえりになる 귀가하시다	おかえりになっている 귀가하고 있다 (귀가해 있다)	おかえりになっています 귀가하고 있습니다
① かける	하1단			
② はなす	5단			

▶ 정중한 최상급의 경어로 일상 회화에서는 잘 쓰이지 않고, 정중한 자리에서만 쓴다.

연습2_ お + 동사의 ます형 + くださる

예 すわる	5단	おすわりくださる 앉아 주시다	おすわりください 앉아 주세요.	おすわりくださいました 앉아 주셨습니다.
① かける	하1단			
② はなす	5단			

▶ 귀한 손님께 쓰는 표현으로, 생활 속에서 가끔 들을 수 있는 표현이다. 「～てください」보다 정중한 표현이다.

연습3_ ～(ら)れる 〈가능/존경/자발/수동〉 붙이기

예 すわる	5단	すわられる 앉으시다	すわられました 앉으셨습니다	앉다
❶ かける	하1단			걸다
❷ はなす	5단			말하다

▶가능・존경・자발・수동 등의 4가지 뜻에 혼동을 일으킬 수 있기 때문에 회화에서는 되도록 쓰지 않는 것이 좋다.
　※先輩! 英語の本、読まれますか。→ 선배! 영어책 읽으세요? 〈존경〉 또는 선배! 영어 책을 읽을 수 있나요? 〈가능〉

정답
연습1) ①おかけになる / おかけになっている / おかけになっています
　　　 ②おはなしになる / おはなしになっている / おはなしになっています
연습2) ①おかけくださる / おかけください / おかけくださいました
　　　 ②おはなしくださる / おはなしください / おはなしくださいました
연습3) ①かけられる / かけられました ②はなされる / はなされました

실력 키우기 문제 〈종합편〉

◈ 다음 보기와 같이 문장을 고치세요.

> **보기** ここでご飯を（食べる→食べて）ください。

1　コーヒーが（冷たい→　　　）なりました。

2　今日はとても（寒い→　　　）、風も強いです。

3　一番（暇→　　　）人は誰ですか。

4　テレビを（買う→　　　）にデパートへ（行く→　　　）たいです。

5　お酒を（飲む→　　　）から、何を（する→　　　）ますか。

6　私は来週（引っ越す→　　　）なければなりません。

7　日本語が（分からない→　　　）ら、私に聞いてください。

8　朝、早く（起きる→　　　）ことができません。

9　まだ、飛行機に（乗る→　　　）ことがありません。

10　図書館から本を（借りる→　　　）、それから全部読みました。

11　私は映画を（見る→　　　）ことが好きです。

12　ここでタバコを（吸う→　　　）もいいですか。

13　タバコを（やめる→　　　）ことは難しいですね。

14　10から4を（引く→　　　）と6になります。

15　その公園に（入る→　　　）ないでください。

16 今、友達と（話す→　　　　）います。

17 金さんは（来る→　　　　）なくても いいです。

18 試験が（終わる→　　　　）後で、釜山へ 行きます。

19 お金がもっと（かかる→　　　　）かもしれませんから、

　　もう少し（持っていく→　　　　）方がいいです。

20 社長、コーヒーをお（飲みます→　　　　）になりますか。

　　いいえ、コーヒーを（飲みます→　　　　）と寝られなくなります。

> 강사 한마디!! 문제 열 개 이하로 맞춘 사람은 좀더 기초를 보강해야 할 필요가 있습니다.
> 열심히 반복 학습하여 일본어 문법의 달인이 될 수 있도록 노력합시다!

▶ 정답 및 해설

1. 冷たく → なる붙이기「さむくなる・すきになる」
2. 寒いし(= 寒くて) → 중지법 만들기 2가지
3. 暇な → 형용동사는 명사가 붙을 때「だ」가「な」로 바뀐다.
4. 買い、行き → ます형과「に」목적어 붙이기
5. 飲んで、し → 동사의 て형과 ます형
6. 引っ越さ → ひっこす 이사하다
7. 分からなかった →「ない」를 생각해서 그 과거형「かったら」를 생각한다. 즉, 과거 부정 표현 만들기이다.
8. 起きる → 동사의 원형에「ことができる」를 붙이면 '～하는 것이 가능하다'라는 가능 표현 중 하나가 된다.
9. 乗った → ～に 乗る ～를 타다
10. 借り(= 借りて = 借りるし) → 동사 중지법은 3가지가 있다.
11. 見る → こと : 원형에 붙어 '～것'이라는 뜻이 된다.
12. 吸って → 동사의 て형에 연결되는 표현이다.
13. やめる
14. 引く → 가정 표현 만들기. 숫자, 장소, 계절을 표현할 때는「と」가 붙는다.
15. 入いら → 예외 5단 동사라는데 함정이 있다.
16. 話して → て형+います붙이기
17. 来 → か행 변격 동사는 ない형이 될 때「く」가「こ」로 바뀌고「ない」가 붙는다. 즉,「こない」가 된다.
18. 終わった → 시험이 끝난 후이므로 과거형을 쓴다.
19. かかる、持っていった → 동사・형용사 : 종지형 / 명사・형용동사 어간＋かもしれません : ～일지도 모릅니다
　※일본에서는 본인의 경험에 기초해서 표현하기 때문에 우리와 달리 현재형을 쓰지 않고 과거형을 쓴다는 것에 함정이 있다.
20. 飲み、飲む → 경어 만들기 : お＋飲み(ます형)＋になる, と → 100% 확실할 때 쓰는 가정 표현

부록

일본어를 배우는 학습자 중에서 조사·부사에 약한 분들이 많습니다. 이곳에서 정확히 알고 넘어갑시다. 그리고 마지막 싸움은 기능어라고 하잖아요. 뒤에 기능어의 모든 것이 수록되어 있습니다. 반드시 여러분께 도움이 될 것입니다.

조사 • 부사 • 접속사

1 조사

❶ 조사 「が」

| ❶ 日本語が①好き(②嫌い)です。 |
| ❷ 日本語が③上手(④下手)です。 |
| ❸ 日本語が⑤わかります。 |
| ❹ 日本語が⑥できます。 |
| ❺ さしみが(を)食べ⑦たいです。 |
| ❻ 車が⑧欲しいです。 |

❶ 일본어를 좋아(싫어)합니다.
❷ 일본어를 잘(서툴다) 합니다.
❸ 일본어를 이해합니다.
❹ 일본어를 할 수 있습니다.
❺ 회를 먹고 싶습니다.
❻ 자동차를 원합니다.

▶ 이 위의 8개의 단어 앞에는 조사 「を」 대신 「が」를 써야 하며, 해석은 '～을/를'로 해석한다.
  단, 「たい」 앞에서는 「が」 또는 「を」를 써도 무방하다.

▶ 「分かる」와 「知る」의 차이점 아세요?
  → わかる는 학습했던 것을 다시 질문할 때이고(이해하다 = understand)
  → しる는 처음 학습할 때 (알다 = know) 쓰인다.

❷ 조사 「に」

私は
| ❶ 先生に会いました。 ※に会う |
| ❷ お風呂に入りました。 ※お風呂に入る |
| ❸ 貿易会社に勤めていました。 ※に勤める |
| ❹ バスに乗りました。 ※に乗る |

❶ 나는 선생님을 만났습니다.
❷ 나는 목욕을 했습니다.
❸ 나는 무역 회사에 근무했었습니다.
❹ 나는 버스를 탔습니다.

▶ 조사 「に」가 '을/를'로 해석되는 경우라도 「を」 대신 반드시 「に」를 써야 할 때가 있다. 다음을 숙어처럼 외우자.

①バスに乗る(버스를 타다) ②友達に会う(친구를 만나다) ③旅行に行く(여행을 가다)
④父に似る(아버지를 닮다) ⑤日本に勝つ(일본을 이기다) ⑥釜山に住む(부산에 살다)

❸ 조사 「へ」「で」「に」의 사용법

へ → 방향

❶ 家族(かぞく)		公園(こうえん)へ 行(い)きたいんです。
❷ 彼女(かのじょ)	と	海(うみ)へ 行(い)きたいんです。
❸ 彼(かれ)		図書館(としょかん)へ 行(い)きたいんです。

❶ 가족과 공원에 가고 싶습니다.
❷ 그녀와 바다에 가고 싶습니다.
❸ 그와 도서관에 가고 싶습니다.

▶ 「へ」는 「に」와 구별하기 어려우나 「へ」는 「に」와 비교할 때 방향성이 강하다. 여기서 「へ」는 읽을 때 「え」로 읽는다.

で → 장소 (행동)

❶ 李さん		公園(こうえん)で 散歩(さんぽ)しました。
❷ 田中(たなか)さん	と	海(うみ)で 水泳(すいえい)しました。
❸ 古田(ふるた)さん		図書館(としょかん)で 勉強(べんきょう)しました。

❶ 이 씨와 공원에서 산책했습니다.
❷ 다나카 씨와 바다에서 수영했습니다.
❸ 후루타 씨와 도서관에서 공부했습니다.

▶ 'に」와 'で」는 명확하게 구별하기가 어렵다. 보통 같이 쓰인다고는 하지만 「に」는 「で」보다 넓은 범위에 쓰이고 「で」는 「に」 보다 좁은 장소에 쓰인다.
　例 新村(しんちょん)にある会社(かいしゃ)で働(はたら)く。 신촌에 있는 회사에서 일한다.

に → 장소 (존재)

❶ 兄(あに)		釜山(プサン)にいます。
❷ 父(ちち)	は	会社(かいしゃ)にいます。
❸ 友達(ともだち)		近(ちか)くにいます。

❶ 형은 부산에 있습니다.
❷ 아버지는 회사에 있습니다.
❸ 친구는 근처에 있습니다.

▶ 「に」도 장소를 나타내기는 하지만 단순하게 그 장소의 존재를 나타낸다.

▶ 조사 「に」는 어느 경우에 쓰이나요?
　①に가 꼭 필요할 때 → 月, 日, 曜日, 時間, 休み
　②に가 불필요할 때 → いつ(きのう/あした) / いま / さっき / 今年
　③기타(쓰거나 말거나 상관없을 때) → ～時, ～間(あいだ), ～まえ / ～ごろ / 朝, 昼, 晩

2 부사

이유 또는 조건을 나타내기도 하고 앞 뒤 문장을 연결하여 그 관계를 나타내기도 하는 말이다.
다음은 원래부터 부사가 아니라 다른 품사에서 전성된 예이다.

① 형용사에서 전성된 부사 → 「さむく」「あつく」
② 형용사에서 전성된 명사 → 「遠く(먼 곳)」「近く(가까운 곳, 근처)」
③ 형용동사에서 전성된 부사 → 「きれいに」도 있다.

> **Tip**
> 비(雨)의 종류가 이렇게 많습니다.
> 梅雨(つゆ)장마/ 霧雨(きりさめ)이슬비/ 五月雨(さみだれ)오월 비/ 小雨(こさめ)가랑비
> みぞれ진눈깨비/ 時雨(しぐれ)늦가을에서 초겨울에 오는 비/ 春雨(はるさめ)봄비/ 秋雨(あきさめ)가을비

❶ 여러 가지 부사

① 첨가 → もっと(더욱더) / ずっと(더욱) / その上(게다가) / それに(게다가) / そして(그리고)
② 부정 → あまり(그다지) / 少しも(조금도) / 決して(결코) / ちっとも(조금도)
③ 빈도 → しばしば(가끔) / 再び(재차) / ほとんど(거의) / いつも(항상) / ちょっと(조금)
④ 소망 → どうぞ(부디) / ぜひ(꼭) / なにとぞ(부디)
⑤ 추량 → おそらく(필시) / たぶん(아마) / まさか(설마) / さぞ(틀림없이)
⑥ 역접 → しかし(그러나) / それでも(그래도) / ところで(그런데) / でも(하지만)
⑦ 열거 → だから(그러니까) / それで(그래서) / 従って(따라서)
⑧ 선택 → 乃至(내지) / または(또는) / もしくは(혹은) / 及び(및) / 並び(및) / あるいは(혹은)

❷ 기타 → 회화에 많이 쓰이는 부사

① あのビルはまるで、マッチ箱のようです。 그 빌딩은 마치 성냥갑 같습니다.
② この車はあなたにちょうどいい車です。 이 차는 당신에게 딱 알맞은 차입니다.
③ どうして(=なぜ)行かなかったんですか。 왜 가지 않았습니까?
④ 私は必ず(=きっと)合格する。 나는 반드시 합격한다.
⑤ もちろんあなたも連れていく。 물론 너도 데리고 간다.
⑥ 薬をゆっくり飲んでください。 약을 천천히 드세요.
⑦ 金さん、ちょっと待ってください。 김 씨, 잠시 기다려 주세요.
⑧ もう春になるでしょう。 / もう春です。 이제 곧 봄이 되겠지요? / 이미 봄입니다.
⑨ バスで行きますか。それとも地下鉄で行きますか。 버스로 갑니까? 아니면 지하철로 갑니까?
⑩ 山です。また山です。 산입니다. 또 산입니다.

❸ 포인트 정리

첨가　　첨가를 나타내고 있다.

❶ 彼女(かのじょ)に　　| もっと 더욱 |　　　　| 会(あ)いたい。 |
❷ 材料(ざいりょう)を　| もっと 더욱 |　＋　| 使(つか)いたい。 |
❸ 雨(あめ)が　　　　| ずっと 계속 |　　　　| 降(ふ)っています。 |

✱ 使(つか)う 사용하다 / 降(ふ)る 내리다

부정　　이 부사들은 반드시 부정의 표현을 요구한다.

❶ 彼女は　　| 絶対(ぜったい) 절대 |　　　　　　　　　　　　| 欠席(けっせき)しないんです。 |
❷ 砂糖(さとう)を　| 少(すこ)しも 조금도 / 全然(ぜんぜん) 전혀 |　＋　| 使(つか)いません。 |
❸ お酒(さけ)は　| 決(けっ)して 결코 |　　　　　　　　　　| 飲(の)みませんでした。 |

✱ 砂糖(さとう) 설탕

소망　　다음 부사들은 거의「～ください」와 같은 소망의 표현을 수반한다.

❶ 彼女に　　| ぜひ 반드시 |　　　　| 会(あ)いたい。 |
❷ お茶(ちゃ)でも　| どうぞ 어서 |　＋　| お飲(の)みになってください。 |

추량　　이 부사들은 주로「だろう/でしょう」등의 추량의 표현을 뒤에 요구한다.

❶ 明日(あした)は　| おそらく 필시 |　　　　| 晴(は)れるでしょう。 |
❷ 金(キム)さんは　| たぶん 아마 / まさか 설마 |　＋　| 来(こ)ないでしょう。 |

✱ です → でしょう ~죠, ~지요(추측 표현) / 晴(は)れる 맑다

빈도 다음 부사들은 빈도를 나타내고 있다. 밑으로 내려갈수록 빈도가 적어진다.

① 金さんは
② 朴さんは
③ 田中さんと

| いつも 늘(항상) |
| よく 자주 |
| 時々 때때로 |
| たまに 가끔 |

+

| 遅刻する人です。 |
| 欠席する人です。 |
| お酒を飲みに行きます。 |

∗遅刻 지각 / 欠席 결석

3 접속사

① 포인트 정리

첨가

① 彼に会った。
② 材料がないです。
③ 今日は寒いです。

| それに 게다가 |
| その上 그 위에 |
| そして 그리고 |

+

| プレゼントももらった。 |
| お金もないんです。 |
| 風も強いです。 |

∗もらう 받다 / 材料 재료

회화　金さんはどんな人ですか。 김 씨는 어떤 사람입니까?
➡ とてもきれいな人です。それに優しい人です。
아주 예쁜 사람입니다. 게다가 상냥한 사람입니다.

이유

① 元気です。
② 恋人がいます。
③ 私はお金があります。

| したがって 따라서 |
| だから 때문에 |
| それで 그래서 |

+

| 仕事もできます。 |
| 結婚もできます。 |
| 何でも買えます。 |

∗恋人 연인

회화 あなたは秋が好きですか。 당신은 가을을 좋아합니까?
➡ はい、大好きです。それで秋になると山登りをします。
　　네, 아주 좋아합니다. 그래서 가을이 되면 등산을 합니다.

▶ 완전한 두 개의 문장을 하나로 연결할 때 쓰인다.
접속어는 그냥 단어로 외우지 말고 문장을 통하여 문맥을 익혀가며 학습하는 것이 바람직하다.

역접

❶ 彼は元気です。
❷ 彼は恋人がいます。　　+
❸ 私はお金があります。

| ところで 그런데 |
| しかし 그러나 |
| それでも 그렇지만 |

+

| 金さんは元気ですか。 |
| 結婚はできないんです。 |
| 幸せではありません。 |

✽下手だ 서툴다

회화 あなたは動物が好きですか。 당신은 동물을 좋아합니까?
➡ はい、好きです。しかし蛇は大嫌いです。
　　네, 좋아합니다. 그러나 뱀은 매우 싫어합니다.

선택

❶ 鉛筆
❷ 現金　　
❸ バス

| あるいは 혹은 |
| または 또는 |
| 乃至 내지 |
| もしくは 또는 |

+

| ボールペンで書けます。 |
| 小切手でも買えます。 |
| 地下鉄で来てください。 |

✽小切手 수표 / 地下鉄 지하철

회화 あの服をこのカードで買えますか。 저 옷을 이 카드로 살 수 있습니까?
➡ はい、買えますよ。 네, 살 수 있어요.
➡ いいえ、買えません。現金または小切手で支払ってください。
　　아니요, 살 수 없습니다. 현금 또는 수표로 지불해 주십시오.

✽支払う 지불하다

▶ 부사만 따로 뽑아서 외우면 너무 쉽게 잊어 버리게 된다.
좀 늦더라도 문장을 통하여 천천히 감각을 살려 하나하나 연습하여 습득하는 것이 좋다.
쉽게 외우면 쉽게 잊혀지므로, 문형을 즐기면서 즐겁게 공부하는 습관을 들이자.

숫자 읽기

2급 시험에 2~3문제가 항상 출제되고 있습니다. 특히 한자와 음 그리고 탁음 등에 주의하세요.

숫자		1 (いっ)	2 (に)	3 (さん)	4 (よん)	5 (ご)	6 (ろっ)	7 (なな)	8 (はっ)	9 (きゅう)	10 (じゅっ)	何 (なん)	종류
P	本	ぽん	ほん	ぼん	ほん	ほん	ぽん	ほん	ぽん	ほん	ぽん	ぼん	연필, 우산, 꽃 등
	匹	ぴき	ひき	びき	ひき	ひき	ぴき	ひき	ぴき	ひき	ぴき	びき	개, 생선, 벌레 등
	杯	ぱい	はい	ばい	はい	はい	ぱい	はい	ぱい	はい	ぱい	ばい	밥, 술, 차 등
	分	ぷん	ふん	ぷん	ふん	ふん	ぷん	ふん	ぷん	ふん	ぷん	ぷん	분
	%	いち(いっ)	パーセント	パーセント	パーセント	パーセント	ろく	パーセント	はち	パーセント	パーセント	パーセント	퍼센트
	P	いち(いっ)	ページ	ページ	ページ	ページ	ろく	ページ	はち	ページ	ページ	ページ	페이지
T	頭	とう	とう	とう	とう	とう	ろく	とう	はち	とう	とう	とう	소, 말, 코끼리
K	個	こ	こ	こ	こ	こ	こ	こ	こ	こ	こ	こ	과일, 사탕 등
	回	かい	かい	かい	かい	かい	かい	かい	かい	かい	かい	かい	횟수
	階	かい	かい	がい	かい	かい	かい	かい	かい	かい	かい	がい	층
	軒	けん	けん	げん	けん	けん	けん	けん	けん	けん	けん	げん	집, 건물
	Kg	いち	キログラム	キログラム	キログラム	キログラム	キログラム	キログラム	はち	キログラム	キログラム	キログラム	무게
	株	ひと	ふた	かぶ	かぶ	かぶ	かぶ	かぶ	かぶ	かぶ	かぶ	かぶ	주식
S	歳	さい	さい	さい	さい	さい	ろく	さい	さい	さい	さい	さい	나이
	冊	さつ	さつ	さつ	さつ	さつ	ろく	さつ	さつ	さつ	さつ	さつ	책, 노트
	足	そく	そく	ぞく	そく	そく	ろく	そく	そく	そく	そく	ぞく	구두, 양말
	時	いち	じ	じ	よ	じ	ろく	しち	はち	く	じゅう	じ	시
	膳	いち	ぜん	ぜん	ぜん	ぜん	ろく	ぜん	はち	ぜん	じゅう	ぜん	수저(벌)

숫자		1 (いち)	2 (に)	3 (さん)	4 (よん)	5 (ご)	6 (ろく)	7 (なな)	8 (はち)	9 (きゅう)	10 (じゅう)	何 (なん)	종류
B	番	ばん	ばん	ばん	ばん	ばん	ばん	ばん	ばん	ばん	ばん	ばん	번호
	秒	びょう	びょう	びょう	びょう	びょう	びょう	びょう	びょう	びょう	びょう	びょう	초
D	台	だい	だい	だい	だい	だい	だい	だい	だい	だい	だい	だい	텔레비전, 자동차, 노트북
L	列	れつ	れつ	れつ	れつ	れつ	れつ	れつ	れつ	れつ	れつ	れつ	세로, 가로
	両	りょう	りょう	りょう	りょう	りょう	りょう	りょう	りょう	りょう	りょう	りょう	전철, 기차
M	枚	まい	まい	まい	まい	まい	まい	まい	まい	まい	まい	まい	종이, 사진, 접시
N	年	ねん	ねん	ねん	よねん	ねん	ねん	ねん	ねん	ねん	ねん	ねん	연도
	人	ひとり	ふたり	にん	よにん	にん	にん	にん	にん	にん	にん	にん	사람
A	羽	わ	わ	ば	わ	わ	わ	わ	はっぱ	わ	じっぱ	ば	닭, 오리, 새

실력 키우기 문제 〈조사·부사·접속사〉

1 다음 문장의 ( ) 안에 조사 [へ, で, に] 중 하나를 골라 써 넣으세요.

1 工場(　　)実習しています。

2 私は会社(　　)働いています。

3 日本(　　)勉強しに行きました。

4 このりんごはデパート(　　)買いました。

5 朴さんは新村(　　)住んでいます。

6 私は会社(　　)勤めています。

2 다음 문장의 ( ) 안에 조사 [を, に, が] 중 하나를 골라 써 넣으세요.

1 私はあなた(　　)好き(嫌い)です。

2 友達(　　)時計(　　)もらいました。

3 車(　　)欲しいです。

4 本(　　)借りることができます。

5 あなたはテニス(　　)上手(下手)ですか。

6 あなたは日本語(　　)わかりますか。

3 （　）안에 들어갈 알맞은 말을 보기에서 골라 넣으세요. (보기는 한 문제 당 하나만)

> 보기　① どうやって　② 何回（なんかい）　③ 何（なん）で　④ どのぐらい　⑤ どう
> 　　　⑥ 誰（だれ）に　⑦ どうしたら　⑧ いつ　⑨ どこへ　⑩ どこで

1　A) （　）買ったらいいですか。
　B) 大阪（おおさか）で買ったらいいです。

2　A) （　）聞（き）いたらいいですか。
　B) 山田（やまだ）さんに聞いたらいいです。

3　A) （　）学校（がっこう）に行ったら いいですか。
　B) 三月七日（さんがつ なのか）に行ったらいいです。

4　A) （　）食（た）べたらいいですか。
　B) 箸（はし）で食べたらいいです。

5　A) （　）行ったら勉強できますか。
　B) 図書館（としょかん）へ行ったらできます。

6　A) （　）銀行（ぎんこう）へ行ったらいいですか。
　B) この道（みち）を真（ま）っ直（す）ぐ行ったらいいです。

7　A) 道が分からない時（とき）は（　）いいですか。
　B) 人（ひと）に聞いたらいいです。

8　A) 夜（よる）、お腹（なか）が痛（いた）くなったら（　）しますか。
　B) 薬（くすり）を飲（の）みます。

9　（　）電話（でんわ）をかけても誰もいません。

10　旅行（りょこう）に行く時、お金（かね）を（　）持（も）って行ったらいいですか。

4 ( ) 안에 들어갈 부사로 알맞은 것을 고르세요.

1 あなたが知っていることをできるだけ( )教えてください。
   a. 詳しく　　　　b. 大体　　　　c. ぴったり

2 危ないですから機械の下に( )手を入れないようにしてください。
   a. 必ず　　　　b. 絶対に　　　　c. きちんと

3 ( )雨が降りそうですから、早く家へ帰りましょう。
   a. もし　　　　b. いくら　　　　c. 今にも

4 昨日お酒を飲み過ぎました。( )頭が痛いです。
   a. それで　　　　b. それに　　　　c. これから　　　　d. それから

5 ひらがなやカタカナはほとんど読めます。( )漢字は全然読めません。
   a. ですから　　　　b. しかし　　　　c. そして

6 旅行に行くために( )お金をためています。
   a. 少ししか　　　　b. 少しずつ　　　　c. なかなか

7 A：窓を閉めましょうか。
   B：いいえ、( )開けておいてください。
   a. そのまま　　　　b. 真っ直ぐ　　　　c. ずいぶん

8 ( )日本語の勉強が終わりました。
   a. やっと　　　　b. もっと　　　　c. ずっと

[정답 **1** 1. で 2. で 3. へ/に 4. で 5. に 6. に **2** 1. が 2. に,を 3. が 4. を 5. が 6. が **3** 1. ⑩ 2. ⑥ 3. ⑧ 4. ③ 5. ⑨ 6. ① 7. ⑦ 8. ⑤ 9. ② 10. ④ **4** 1. a 2. b 3. c 4. a 5. b 6. b 7. a 8. a]

예외 5단 동사

실제 모양은 상1단/하1단 동사이지만 활용할 때는 5단 동사 활용을 하는 동사.
반드시 암기하여 상1단/하1단 동사와 혼돈되지 않도록 주의하세요.

1 입문 과정에서 꼭 암기해야 할 동사

❶ 帰(かえ)る 돌아가다	❷ 入(はい)る 들어가다	❸ 知(し)る 알다	❹ 切(き)る 자르다, 베다
❺ 減(へ)る 감소하다	❻ 要(い)る 필요하다	❼ 走(はし)る 달리다	❽ 限(かぎ)る 한정하다
❾ しゃべる 수다떨다	❿ 散(ち)る 흩어지다	⓫ 参(まい)る 참가하다	⓬ 混(ま)じる 섞이다

2 독해 과정에서 꼭 암기해야 할 동사

❶ 滑(すべ)る 미끄러지다	❷ 照(て)る 비추다	❸ 握(にぎ)る 잡다	❹ 陥(おちい)る 빠지다
❺ 茂(しげ)る 무성하다	❻ 蹴(け)る 차다	❼ ひねる 비틀다	❽ 湿(しめ)る 습기차다
❾ 甦(よみがえ)る 되살아나다	❿ つねる 꼬집다	⓫ かじる 이로 갉다	⓬ しくじる 실수하다
⓭ やじる 야유하다	⓮ ちぎる 잘게 찢다	⓯ 焦(あせ)る 애태우다	⓰ 陰(かげ)る 그늘지다
⓱ いじる 만지다	⓲ 入(い)る 들어가다		

▶ 특별히 5단 동사로 쓰이고 있으나, 한자에 따라 상1단/하1단 동사로 쓰이는 단어
  예) 帰る 돌아가(오)다 返(かえ)る 되돌아가(오)다 反(かえ)る 완전히 ~하다 かえる 부화하다 → 5단 동사
      代(か)える 대신하다 換(か)える 교환하다 替(か)える 바꾸다 → 하1단 동사

▶ 「동사의 ます형 + 入(い)る(~들다, ~해 버리다)」의 사용법
  예) 寝(ね)る 자다 + 入る 들어가다 → 寝入る 잠들다
      飛(と)ぶ 날다 + 入る 들어가다 → 飛び入る 뛰어 들다
      気(き)に入る 마음에 들다

3 예외 5단 동사를 재미있게 외우는 방법

이렇게 외우면 너무 간단하답니다. 그냥 외우는 것 보다 10배 정도 빠릅니다.

❶ 帰る (かえ) 돌아가(오)다	★가에루 = 가에로 → 비 내린 비포장 시골길에 물이 고여 있다. 가운데로 걸으면 신발이 젖으니 꼭 가에로 돌아가라. 꼭 가에로 돌아가라! 하면서 일러주는 모습
❷ 知る (し) 알다	★시루 → 오늘 옆집에서 고사를 지내는데 무슨 떡을 할지 알아? 알았다 시루 떡! 하면서 시루 떡 좀 먹었으면 하는 모습 ★혹시 시루 알아? 떡 찌는 그릇 있잖아~. 시골에서 떡 찔 때 쓰는 그릇 시루 알지 하면서 설명하는 모습
❸ 入る (はい) 들어가다	★하이루 = 하이로 → 일본인 회사 신입사원 면접실! 잘 들으시오! 지금부터 혹 본인의 이름이 호명되면 큰 목소리로 하이로 대답하고 들어가! 하며 지시를 하는 모습
❹ 切る (き) 자르다, 베다	★기루 = 기로 → 태권도 격파 시범을 보일 때 고수들은 힘으로 벽돌을 자르나? 아니면 氣로 자르냐? 그야 물론 氣로 자르지! 하며 대답을 하는 모습
❺ 走る (はし) 달리다	★하시루 = 하시러 → 사장님은 늘 아침마다 달리기를 하시러 공원에 간다. 달리는 것이 건강에 최고라며 오늘도 목에 수건을 한 장 두르고 공원으로 향하는 모습
❻ 滑る (すべ) 미끄러지다	★스베루 = 스배로 → 아이들이 아이스크림을 먹는데 날씨가 너무 더워서 아이스크림이 녹아 배로 스르르 미끄러져 들어가는 모습!
❼ しゃべる 수다떨다	★샤베루 = 샤벳트를〈식품〉 → 아이들에게 샤벳트를 사다 주니 시끄럽게 떠들면서 먹는 모습
❽ 限る (かぎ) 한정하다	★가기루 = 가기로 → 이번엔 금강산 여행은 300명만 가기로 한정하고 있다. 한 명이라도 추가는 안 됩니다. 꼭 300명만 가기로 못을 박는 모습
❾ 握る (にぎ) 쥐다, 잡다	★니기리 = 오니기리 → 오잉~오니기리? 주먹밥! 握る〈꽉꽉! 쥐다〉 → お〈접두어〉+握り〈명사〉= 주먹밥. 슈퍼에 있는 오니기리! 손으로 꽉 쥐어서 만든 모양
❿ 減る (へ) 감소하다, 줄다	★헤루 = 해로 → 태양열을 어떻게 이용할까! 「☼」해로 연료비를 감소시킬 수만 있다면... 하면서 밤 낮 없이 연구하는 모습
⓫ 混じる (ま) 섞이다	★마지루 = 맏이로 → 대부분 차남들은 결혼하면 살림을 따로 난다. 그러나 맏이로 태어난 장남들은 어른들 모시고 동생들과 섞여서 살아가는 모습
⓬ 要る (い) 필요하다	★이루 = 2루 → 여기는 잠실 야구 경기장. 지금 상황은 9회말! 주자 3루와 2루 투 아웃 1 : 0으로 지고 있다. 지금 필요한 것은 2루타 한방이다. 경기장의 긴박한 모습

기능어 정리

일본어의 마지막 싸움은 기능어라는 것! 잘 아시죠?
우측 예문을 읽으면서 하나하나 이해하세요. 여러분은 할 수 있습니다.

1 4급 기능어

で	① 장소 ~에서 ② 수단 ~로 ③ 결과 ~해서 ④ 원인 ~로(때문에) ⑤ 시간적인 관계	①川で魚を釣る。 강에서 고기를 낚다. ②鉛筆で書きます。 연필로 씁니다. ③全部でいくらですか。 전부해서 얼마입니까? ④彼は戦争で死んだ。 그는 전쟁으로 죽었다. ⑤あそこなら30分で行ける。 거기라면 30분 안에 갈 수 있다.
に 「に가 필요」 月, 日, 曜日, 時間, 休み 「に가 불필요」 いつ(きのう, あした) いま, さっき, 今年 등 「기타(쓰거나 말거나)」 ~時, ~間(あいだ)/ ~まえ/~ごろ/ 朝, 昼, 晩	① 존재(장소) ~에 ② 대상인물 ~에게 ③ 대상인물 ~에게로 　부터 ④ 근원 ~에서 ⑤ 결과 ~이/~가 ⑥ 명사+に자동사 　~을/를 ⑦ 목적 ~하러 ⑧ 원인 ~로(때문에) ⑨ 선택 ~로 ⑩ 사용변경 ~로	①私は新村に住んでいる。 나는 신촌에 살고 있다. ②李さんにりんごをあげました。 이 씨에게 사과를 주었습니다. ③これは金さんにもらいました。 이것은 김 씨에게서 받았습니다. ④川の源は山中に始まる。 이 강의 근원은 산속에서 시작한다. ⑤先生になる。 선생님이 되다. ⑥バスに乗ります。 버스를 탑니다. ⑦映画を見に行きましょう。 영화를 보러 갑시다. ⑧借金に苦しむ。 빚 때문에 시달리다. ⑨食事は何にしますか。 식사는 무엇으로 하시겠습니까? ⑩ありは木の葉を船にしました。 개미는 나뭇잎을 배로 삼았습니다.
より	① 비교 ~보다 ② 한정 ~밖에 ③ 기점 ~으로부터	①あなたより背が高い。 당신보다 키가 크다. ②諦めるより方法がない。 포기하는 것 외에 방법이 없다. ③金より ― お元気で。 김 드림 - 건강하게 지내.
ので	이유(연체형+ので) ~니까, ~므로(=から)	寒いですので、来ないでください。 추우니까 오지 마세요.
のに	역접(연체형+のに) ~는데	三人前も食べたのにまたお腹がすきました。 3인분이나 먹었는데 또 배가 고픕니다.
へ への	① 방향 ~에게, ~에, 　~으로 ② ~에게로의	①家へ帰ると家族がいる。 집에 가면 가족이 있다. ②南へ行くと私の故郷です。 남쪽으로 가면 제 고향입니다. ③これは金さんへのお土産です。 이것은 김 씨에게 보내는 선물입니다.

と	① 열거 ~과, ~와 ② 비교 ~과, ~와 ③ 결과 ~으로 ④ 가정(원형+と) ~면 ⑤ 인용 ~라고 ⑥ 종지 + ~하자(마자)	①店には豚肉と牛肉と鶏肉がありました。 가게에는 돼지고기와 소고기와 닭고기가 있었습니다. ②私はあなたと違います。 나는 당신과 다릅니다. ③水が氷と(に)なりました。 물이 얼음이 되었습니다. ④雨が降ると寂しくなります。 비가 오면 쓸쓸해집니다. ⑤地震は危ないと言う。 지진은 위험하다고 한다. ⑥山に登ると雨が降り出した。 산에 오르자 비가 내리기 시작했다.
や	명사 に에 접속 ~랑, ~과, ~와	かばんの中に本や鉛筆がある。 가방 속에 책이랑 연필이 있다.
も でも	① 문의 주어(첨가) ~도 ② 상태의 대상 ~도 ③ 한정 ~씩이나 ④ 열거 ~도 ~도 ⑤ 역접 ~지만 ~해도	①私も行く。 나도 간다. ②私は英語もできる。 나는 영어도 할 수 있다. ③私は30分も待ちました。 나는 30분이나 기다렸습니다. ④りんごもぶどうも買いました。 사과도 포도도 샀습니다. ⑤今は静かでも後はどうなるか分からない。 지금은 조용하지만 나중에는 어떻게 될지 모른다.
し	열거, 종지형+し ~고	肉も食べたし、魚も食べた。 고기도 먹었고 생선도 먹었다.
けど =けれども =けれど =が	① 역접 ~지만 ② 열거 ~하지만, ~는데	①頑張ってみるけど自信がない。 열심히 해 보겠지만 자신이 없다. ②運動もするけど勉強もする。 운동도 하지만 공부도 한다.
①~あいだ(~まで) ②~あいだに (~までに)	①기간동안 계속되는 동작 ~동안 ②기간에 완료된 동작 ~사이에	①長い間お世話になりました。 오랫동안 폐를 끼쳤습니다. ②休みの間に電話する。 쉴 때 전화한다.
~て/で(음편)	연용형 ①열거 ~고 ②이유 ~서 ③가벼운 명령 ~해!	①食べて飲んで歌いました。 먹고 마시고 노래했습니다. ②今日は寒くて学校へ行けない。 오늘은 추워서 학교에 갈 수 없다. ③早く飲んで。 빨리 마셔!
①~たり 　~たりとも ②~たりとも~ない [たとえ~であっても]	연용형 ①열거 ~하기도 하고 예시 ~라도 ②비록 ~라도 ~않다 〈전면 부정〉	①泣いたり笑ったり怒ったりした。 울기도 하고 웃기도 하고 화내기도 했다. 雪の上で滑ったりすると危ないぞ。 눈 위에서 미끄러지기라도 하면 위험해. ②試合までは一日たりとも練習を休むわけにはいかない。 시합까지는 단 하루라도 연습을 쉬어서는 안 된다.

～たら	연용형 (확정 조건) ①～였다면 ②～라면 ③～하거든 ④～더니	①頭が痛かったら薬を飲んだ方がいいですよ。 머리가 아프다면 약을 먹는게 좋아요. ②時間があったら手伝ってください。 시간이 있으면 도와 주세요. ③到着したら連絡してください。 도착하거든 연락해 주세요. ④学校へ行ったら誰もいない。 학교에 갔더니 아무도 없다.
～ても	①승락 ～해도 ②역접 ～해도 ※주의 ⓐ では(も) ～에서는 ⓑ でも(부사) ～지만 ⓒ でも(명사) ～라도	①山へ行ってもいいです。 산에 가도 좋습니다. ②薬を飲んでも効かない。 약을 먹어도 효과가 없다. ⓐ 私は事務室では煙草を吸いません。 저는 사무실에서는 담배를 피우지 않습니다. → 部屋でも吸いません。 방에서도 안 피웁니다. ⓑ でも、トイレでは吸います。 그렇지만 화장실에서는 피웁니다. ⓒ お酒でも一杯飲みましょうか。 술이라도 한 잔 할까요?
の	①문중의 주어 ～이/가 ②명사를 수식 ～의 ③소유 ～의/～의 것 ④동격 ～인	①私の(が)書いた本 내가 쓴 책 ②友達の店 친구 가게 ③金さんのカバン 김 씨 가방 これは私のです。 이것은 제 것입니다. ④友達の金さん 친구인 김 씨
には	원형+には ～려면 (＝ためには)	結婚するには家が必要です。 결혼하려면 집이 필요합니다.
だって	체언/조사 ①～라도 ②뭐든지 (= ～でも 전부 ～라도)	①私だっていやです。 나라도 싫습니다. ②何だって食べられる。 뭐든지 먹을 수 있다.
とも	①～(이)더라도 ②～이기는 하나, ～함께	①どんな事があろうとも動いてはいけません。 어떠한 일이 있더라도 움직여서는 안됩니다.
ため	①～위하여(목적) ②～때문에(원인)	①合格するために努力する。 합격하기 위해 노력하다. ②病気のため欠席する。 병 때문에 결석하다.
まま	～대로, ～채로(상태)	家を出たまま帰らない。 집을 나간 채 돌아오지 않는다.
ほう	～쪽, ～편	右のほうを見てください。 오른 쪽을 보세요.
①まで ②～までもない 　～までもなく 　～までだ 　～までのことだ	① ～까지 ②숙어 　～할 것까지도 없는 　～할 뿐이다 　～할 따름이다	①雨が夕方まで降った。 비가 저녁 때까지 내렸다. ②言うまでもない。 말 할 것까지도 없다. わざわざ行くまでもない。 일부러 갈 것까지 없다. それでも駄目だったら、あきらめるまでだ。 그래도 안되면 포기할 뿐이다.

～か～ないかのうちに	①～하자마자 ②～할까 말까	①始まるか始まらないかのうちに会議はもう終わった。 회의가 시작하자마자 벌써 끝났다. ②乗るか乗らないかのうちにバスは行ってしまった。 탈까 말까하는 사이에 버스는 가 버렸다.
①ほど ②～ほどだ ③～ば ～ほど ④も ～ば ～も ⑤～ば+こそ 　=～だからこそ	①～정도 ②비교 ～만큼 ③～하면 ～할수록 ④～도 ～하거니와 ～도 ⑤바로 ～때문에〈확정〉 　～야말로〈강조〉	①もう新村に三年ほど住んだ。 벌써 신촌에 3년 정도 살았다. ②売れるほど利益が残る。 팔리는 만큼 이익이 남는다. ③見れば見るほどきれいです。 보면 볼수록 예쁩니다. ④お金もあれば時間もある。 돈도 있거니와 시간도 있다. ⑤彼女を愛すればこそ結婚した。 그녀를 사랑하기 때문에 결혼했다. 店員は「こちらこそ」と言いました。 점원은 '저야말로'라고 말했습니다.
～など =～なんか/～なんて	체언 ①예시 ～등등 　　②경시 ～같은 것 ⓐ～なんか/～なんて 　～따위, ～등	①コーヒーやお茶などはありますか。 커피나 녹차 등은 있습니까? ②パチンコなどするものか。 파칭코(일본오락) 따위나 할 때인가? ⓐお金なんか要らない。 돈 따위는 필요 없다.
くらい	체언/부사/조사=ぐらい 연체형 ①～정도 ②비교(분석) 「あなたぐらい」는 대단치 않은 것, 쉬운 것의 예로 쓰인다.	①家までどのぐらいかかりますか。 집까지 어느 정도 걸립니까? ②あなたぐらい日本語ができる。 당신정도 일본어를 할 수 있다.
ものの	연체형 역접 ～는, ～지만	図書館には行ったものの勉強はできない。 도서관에는 갔지만 공부는 할 수 없다.
きり	①한정 ～뿐, ～밖에 ②～한 채 ～않다	①残りはこれきりですか(→ないですか)。 남은 것은 이것뿐입니까? ②別れたきり見えない。 헤어진 후 보이지 않는다.
とか	예시 ～든가	雑誌とか漫画とか新聞とか読みなさい。 잡지든 만화든 신문이든 읽으세요.

2 2급 (3급) 기능어

여기서부터는 우측에 해석을 넣지 않았습니다.
이유는 여러분이 하나하나 찾으면서 공부해야 기억에 오래 남기 때문입니다.
2급 이상은 스스로 해결하는 습관이 중요합니다.

연용형+っこない	~할 리 없다	彼女はボシンタンを食べっこない。
명사+だらけ	~투성이	血だらけ / 泥だらけ
~たび(に)	~때마다	田舎へ行くたびに彼女に会う。
~とともに	~와 함께(동시에)	家族とともに田舎へ行く。
~と(に)比べ(て)	~에 비해서	去年に比べ雨が多い。
~を中心に(と)して	~을 중심으로	駅を中心に(と)して店がある。
~を(は)問わず	~을(는) 불문하고(관계없이)	病院は昼夜を問わず開いている。
①~次第 =~が早いか =~や~, ~やいなや =~するとすぐ ②~次第だ/で	①~하는 대로, ~하는 즉시 ②~에 달렸다, ~나름이다 ~에 따라, ~으로	①新しい住所が決まり次第連絡します。 ※あの子は、学校から帰るが早いか、遊びに行った。 ②何事も本人次第だ。
~た+とたん(に)	~하자마자	彼を見たとたん逃げてしまった。
~一方だ	계속해서 ~하기만 하다	利用者は増える一方だ。
①~というものではない ②~ないではいられない ③~ないものでもない <=することもある> ※~といったらありはしない =~といったらない =~ありゃしない =~限りだ	①~하는 것은 아니다 ②~하지 않을 수 없다 ③~할 수도 있다 ※매우 ~하다 =とても~だ	②笑わないでは(=ずには)いられない。 ※どうしても入りたかった大学に合格して嬉しい限りです。
①初め ②初めて ③~を初めとする	①처음 〈일의 시작〉 ②처음으로 〈경험〉 ③~을 비롯하여	①初めの時は大変だった。 ②初めて日本へ行った時だ。 ③船長を初めとして全員が死んだ。

～おそれがある	～할 우려가 있다	この病気は伝染のおそれがある。
～げ(に)	～한 듯(이)〈시각적 판단〉	彼は悲しげな様子で話した。
～かけ(る)だ(の)	～하다 만	食べかけのバナナです。
～きる/～きれ(ない)る	(끝까지) ～하다	数えきれないほどのお金。
～関して(は)	～에 관해서(는)	それに関しては関心はない。
～に応えて	～에 부응해서 ～에 따라	人の要求に応えて供給する。
～に渡って	～에 걸쳐서	韓国全域に渡って雨が降るそうです。
～を込めて	～(정성)을 담아서	心を込めて彼女にあげる。
～を通じて(通して)	～을 통해서	一生を通じて忘れられない事件だ。
～あまり	너무 ～(한) 나머지	驚きのあまり声も出なかった。
～一方(で)(は)	～한편(으로)	よく食べる一方でよく遊んでいる。
～(の)上で(は)	～하고 나서	意見を聞いた上で決める。
※～どころか ＝～どころではない ①ところだった ②ところによると(よれば) ③～ところに(を) ④～というところだ ⑤～た+ところで 　＝～としたって 　＝～にしたって ⑥ところまで行く(くる) ⑦行く+ところ 　行っている+ところ 　行った+ところだ 　(＝～た+ばかりだ)	※～은 커녕 / ～할 계제가 아니다 ①하마터면 ～할 뻔했다 ②～바에 의하면 ③마침 ～때 / ～하는데 ④기껏해야 ～이다 ⑤～해 봤자 / ～한들 　(＝해도 안 되겠다) ⑥～지점까지 가다〈오다〉 ⑦가려는 참이다 　가고 있는 중이다 　지금 막 갔다	※彼は貯金どころか借金だらけだ。 ①車にひかれるところだった。 ②聞いたところによると新しい彼女ができたらしい。 ③いいところに来たね。(※ところが 그런데(부사)) ④この車は高くても五百万円といったところだろう。 ⑤今から出たところで間に合うはずない。(～ない) ⑥自分で歩けるところまで行く。 ⑦僕も今来たところだよ。

～っけ	～이었지(든가)	今日は何曜日だっけ。 彼は一人っ子と言ったっけ。
연용형+ぬ	〈실현/완료〉～도다, ～했다	春は来ぬ。風と共に去りぬ。
～のもとに	～하에	先生の指導のもとに旅に出る。
①～といえども ②～といえば ③～とはいえ ④～と(は)いっても ⑤～とはいうものの	①～라고 해도 ②～라고 하면 ③～라고는 하나 ④～라고는 해도 ⑤～라고 하기는 하지만	①子供といえども軽く見てはいけない。 ②1945年といえば、日本が敗戦した年ですね。 ③駅から近いとはいえ、歩けば二十分はかかります。 ④日本は島国だとはいっても、韓国より広いです。 ⑤三月とはいうものの、北国の春はまだ遠い。
①～おかげで/ ～おかげか ②～せいで/ ～せいか	①～덕분에 / 덕분인지 ②(반)～탓으로 /탓인지	①あなたのおかげで元気になりました。 ②熱があるせいか、頭がふらふらします。
～ついでに	～하는 김에	買物のついでに友達に会った。
～かのようだ	마치 ～인 것 같다	外はまるで台風が来たかのようだ。
①～にしたら (=すれば) ②～としたら (=すれば)	①～의 입장에서는 〈당연〉 ②～로 한다면〈가정〉	①学生にすれば休みは長ければ長いほどよい。 ②留学するとしたら日本が一番。
～を～として	～을 ～로 하여〈정함〉	彼女を先生として勉強会を開いた。
～たあげく	～한 끝에〈결국〉	父と話したあげく旅行に決めた。
～以上＜は＞ ～たる(=～なのだから)	～이상(은) ～이기 때문에	約束した以上、必ず守ってください。
～といっても	～라고 해도	池があるといってもとても小さい。
～ながら ～ながらに ～ながらも	～하면서 ～인채로 ～이지만(= にもかかわらず)	残念ながらその質問には答えられません。
～抜き(にして)で	～없이(빼고서)	朝食抜きで会社へ行く。
たとい(例え)～ても	가령 ～라도	たとい試験を受けなくてもいい。

①〜最中に ②〜が最後(=〜したら最後)	①한창 〜일 때 ②일단 〜했다하면	①雨が降っている最中に彼女が来た。 ②あいつはマイクを握ったが最後、離そうとしない。
연용형+げ	〜스럽게 〈형용동사를 만듦〉	満足げに笑う。 悲しげだ。
くせに	〜주제에 〜임에도 불구하고	子供のくせに運転をする。
①연용형+かねる ②연용형+かねない	①〜하기 어렵다 ②〜일지 모른다	①ちょっと私ではわかりかねます。 ②会社の命令に背こうものなら、首にされかねない。
ただ(=ひとり) +〜のみならず +〜のみ	(단지) 〜뿐 아니라 (= 〜だけでなく)	先生のみならず先輩までも説教をする。
〜っぽい	(명사・연용형+っぽい → 형용사) ①〜할 경향이 있다 ②〜답다, 〜스럽다	金さんは怒りっぽいです。 これは水っぽいです。
①〜はずだ ②〜はずはない ③〜はずがない	①〜일 터이다〈당연함〉 〜것이다〈예정〉 〜해야 한다〈확신〉 ②/③〜일 리가 없다	①あつまっているはずです。 　ここにあるはずです。 ②/③彼がそんな事をするはずがない。
①〜わけだ ②〜わけはない ③〜わけがない ④〜わけにはいかない ⑤〜わけではない	①〜인 것이다〈당연〉 ②/③〜일 리가 없다 ④〜할 수는 없다 ⑤〜라는 것은 아니다	①それなら泣くわけだ。 ②/③まずいリンゴで売れるわけがない。 ④彼と約束したので話すわけにはいかない。 ⑤生活に困っているわけではないが…。
〜をきっかけに 〜をきっかけとして 〜を契機と(して) 〜を機に	〜을 계기로	この旅をきっかけに生活の活力を取り戻した。 子供は喧嘩をきっかけとして親しくなる。 母の死を契機として兄弟が離れ離れになった。
とおり(に)	①〜길 ②〜대로(동사+とおり)	①鐘路通り。 ②話したとおり。
〜つつある	계속 〜하다	ご飯を食べつつある。
〜つつ(も) (=ながら)	〜하면서(도)	タバコは悪いと知りつつも吸った。
〜わりに	〜에 비해서	値段のわりに物が悪い。

문법	의미	예문
～まい ～まいか 1그룹 → 종지 그 외 → 미연(ない형) 종지(원형) 例 食べるまい／食べまい／来るまい／来まい／するまい／しまい／行かせまい 笑われまい ①～하지 않겠다 ②～하지 않을 것이다 ～うが(と)～まいが(と)	※분석 1) 부정 의지 : まい 　（=ない+だろう） 2) 부정 추측 : まい 　（=ない+ことにしよう） ※부정 의지 또는 추측의 경우 :「まい」보다는「ない」형태로 많이 쓰인다. ～하든 ～하지 않든	①二度と行くまい。(부정 의지) ②彼女は来るまい。(부정 추측) ※あなたが海外旅行に行こうが行くまいが私には関係ない。
①동사의 ます형+ 　～難い ②～難くない	①～하기 어렵다 ②～에 어렵지 않다	①動かし難い。 ②これなら言葉では表し難くない。
～にとどまらず	～에 그치지 않고	その話にとどまらず次へと話し続けた。
①～しないうちに ②～うちに	①～하기 전에 ②～하는 동안에	①勉強しないうちに ②鉄は熱いうちに打て。
①～得る＜得る＞ ②～を禁じ得ない	①～할 수 있다 ②～를 금할 수 없다	①有り得る。→ 有り得ない。 ②悲しみを禁じ得ない。
～上に＜は/も＞	①～에 더하여 / 게다가 ②～상 / ～에서의	①私はお金がない。そのうえに頭も悪い。
①명사+ばかり ②～ばかりに ③～た+ばかり ④부정(ん)ぬ+ばかりに ⑤て형+ばかりいる ⑥(～と)+ばかりに 　=まるで～であるかのように ⑦～ばかりか～も／まで 　=～ばかりでなく～も 　=～だけではなく～も ⑧～ばかりだ 　=～ばかりになっている	①～만 / ～뿐 ②～해서 / ～한 탓으로 ③막 ～한 ④금방 ～할 듯이 ⑤～하고만 있다 ⑥～하는 듯이 /～탓 ⑦～뿐만 아니라 ～도 ⑧계속 ～일 뿐이다	①テレビばかり見ています。 　全部 終わり後は寝るばかりです。 ②学歴がないばかりに会社から不合理を被った。 ③今、到着したばかりです。 ④今にも泣かんばかりの顔をしている。 ⑤そんなに食べてばかりいるとぶたになるよ。 ⑥居眠りしたばかりに退社させられた。 ⑦風ばかりか雨まで降ってきた。 ⑧最近失業者の数が増えるばかりだ。

①～だけ(に) =のみ ②～だけあって 　=だけの =だけのことはある ③～だけでも	①～뿐, ～만큼 (～이므로) ②～인 만큼 　(= 가치가 있다) ③～만으로도	①君にだけ教えよう。 　食べれば食べただけ太る。 　期待していただけに失望も大きい。 ②時間をかけた作品だけあってさすがに見事なものだ。 　(=努力しただけのことはあった。) ③見ているだけでも幸せだ。
～しか+ない(부정) ※～(より)ほか ～ない ～(に)ほかならない (=ほかならぬ)	～할 수밖에 없다 ※～밖에 ～할 수 없다 ～바로 ～이다 (= 다름 아닌)	一生懸命食べるしかない。 どう答えていいのかわからず、笑ってごまかすよりほか仕方がなかった。 ※100円しか貸せない。 言葉は意志伝達の手段にほかならない。 　(=ほかならぬ金さんが考えることだから大丈夫だよ。)
～抜く	끝까지 ～하다 ～을 거르고, 앞지르다	走り抜く。
～反面	～하는 반면	恐ろしい反面おかしくもあった。
①～はもちろん ②～はもとより	①～은 물론 ②～은 말할 것도 없이	①英語はもちろんのことドイツ語もできる。 ②試験はもとより賛成です。
①～はともかく 　=とにかく ②/③～として(は／も／の)	①～어떻든 간에 ②～은 그렇다 치고 ③～로서(는/도/의)	①それはともかく試合には勝った。 ②それはそれとして次に移りましょう。 ③私は留学生として日本へ行く。
①～の下で ②～の下に	①～슬하에서 / 곁에서 ②～밑에	①有名な先生の下で勉強する。 ②勇将の下に弱卒なし。
①～うと思ったら ②～かと思うと	①～려고 했더니 ②～인가 싶더니	①パンを食べようと思ったらカビが生えていた。 ②あの子は家へ帰るかと思うと道で遊んでいる。
명사・동사의 ます形 ～がちだ<の>	～의 경향이 많음 ～쉽다, ～쉬운	遅れがちの時計
～気味	①～기미, ～기색 ②～경향	①焦り気味だ。 ②遅れ気味である。
①～代わりに ②～にかわって	①～을 대신하여 ②～을 대신해서	①私が掃除をするから代わりに皿を洗ってくれ。 ②首相にかわって、外相が外国の来賓を出迎えた。

①〜からすると 　〜からすれば 　〜からして ②〜からいうと 　〜からいえば 　〜から言って ③〜から見ると 　〜から見れば 　〜から見て ④〜からある 　〜からの 　＝〜も(の) 　〜からする ⑤から ⑥〜からといって ⑦〜から〜にかけて ⑧〜からには ⑨〜からに	①〜로 판단해 보면 　〜로 보면 　〜로 봐서 ②〜의 입장에서 보면 　〜로 보면 　〜로 봐서 ③〜로 판단해 보면 　〜로 보면 　〜로 봐서 ④〜이나 되는 　〜이나 하는 ⑤체언에 접속 　〜에서 〜부터 　이유 〜때문에 　순접 〜니까 　재료 〜으로부터 ⑥〜라고 해서〈이유〉 ⑦〜부터 〜에 걸쳐서 　〈범위〉 ⑧〜한 이상 / 〜한 바에는 ⑨〜하기만 / 하여도	①あの男は目付きからして抜け目がなさそうだ。 ②この成績から言うと、○○大学は少し無理かと思う。 ③私から見ると信じられない。 　その視点から見て間違いない。 ④この店は人気があって、毎日300人からの客が来るという。 　彼は50キロからするバーベルを軽々と持ち上げた。 　社長から金一封と50万円からする時計をもらったそうだ。 ⑤ソウルから釜山まで行く。 　もう、遅いから寝なさい。 　学校へ行くからお金をください。 　ビールは麦から作られる。 ⑥頭がよい(いい)からといってえらいわけではない。 ⑦昨日から今日にかけて雨が降る。 ⑧約束したからには必ず守る。 ⑨あの選手は見るからに強そうだ。
〜でなくてなんであろう 〜ほかのものではない	〜가 아니고 무엇이겠는가	あんないたずらをするのは、彼でなくてだれだっていうの。
①〜ないで(〜ずに)はすまない ②なくて ③ないで	①〜하지 않으면 　해결되지 않는다 ②〜고, 〜서 ③〜말고	①君が悪いのだから、謝らずにはすまないだろう。 ②水が出なくて困っています。 ③本を見ないで答えてください。

①원형+ことだ 형용사・동사 + ことに ②～ことだから ＝こととて ＝こともあって ～ということ 〈もの〉だ ～とのことだ ③긍정+ことはない 부정+ことはない ＝ことには～ない ④과거+ことがある ⑤현재+ことがある ⑥～ことになる 　～ことにする ⑦ことなしに 　(＝～しないで)＝ 　ことなく ⑧～ことから ⑨～ことか ⑩～ことに〈は〉	①～해야 한다 〈주장〉 　～하게도 ②～때문에, ～이므로 　～라고 한다 　～이 ～이니 만큼 ③～할 필요가 없다 　～하지 못할 것은 없다 ④～한 적이 있다 ⑤～일, ～것이 있다 ⑥～하게 되다 〈결정〉 　～하기로 하다 〈결심〉 ⑦～하는 일 없이 ⑧～때문에 ⑨～인가, ～던가 ⑩～하게도, ～하더니	①それはやはり自分でやることだ。 ②ことがことだから面倒だ。 ③時間があるから急ぐことはない。 ④食べたことがある。 ⑤書くことがある。 ⑥食べることになる。＝〈ことになっている〈예정〉 ⑦働くことなく遊んでばかりいる。 　行かないことにしました。 ⑧足跡が大きいことから、どうやら犯人は男らしい。 ⑨君のことをどんなに心配したことか。 　でも無事でよかった。 ⑩不思議なことに声はするのに姿が見えない。
～際に(は)	～즈음에는, ～때에는	出発の際には雨が止んだ。
～おかげで(だ)	～덕분에(이다)	元気になったのはあなたのおかげだ。
～ざるをえない ＝やむを得ず。	～하지 않을 수 없다 (마지못해)	言わざるを得ない。
격조사+で, に, と, から, の+ ①～さえ～ば ②～だに +부정 〈＝～でも、＝に さえ〉	①～만～하면(조건) 　(한정) ～조차, ～도 ②～하는 것만으로도	①お金さえあれば何でも買える。 　それなら(ば)子供でさえ知っているわ。 ②まさかこんなことになろうとは、思うだにしなかった。
①～た末(に) ②～あげく〈に〉+ 나쁜 결과	①～한 뒤(끝)에 ②～한 끝에(나쁜 결과)～	①相談の末に決めた。 ②いろいろ考えたあげく、彼女と別れることにした。
～せいで	～탓/이유/때문에	友達のせいで失敗した。

①〜というものだ ②〜というより	①〜라는 것이다 ②〜라기 보다는	①合格おめでとう。努力したかいがあったというものだ。 ②君は学生というより、むしろ社会人だ。
①〜というと ②〜といえば	①〜라고 하자 ②〜라고 하면	①私は行けないというと彼は怒った。 ②釜山といえば刺身が有名です。
①〜ゆえに〈の〉 ②〜にしたが(い)って, 〜につれ(て)	①〜때문에〈형식명사〉 ②〜에 따라서	①貧しさゆえに勉強をやめました。 ②色や柄に従って値段が違う。 ③日がたつにつれて忘れる。
〜に加えて 〜に加え	〜더하여 / 보태어서	AにBを加えて計算する。
①〜に際して 〜にあたって 〜にあたり ②〜にあたらない 〜にはあたらない	①〜에 즈음하여 ②〜할 것(가치가) 없다 ＝〜するほどのことではない	①入賞に際して感想を述べる。 開館にあたって感想を述べる。 開会ににあたり、一言ご挨拶を述べさせていただきます。 ②そんなのは驚くにあたらないさ。
①〜にきまっている ②〜に違いない ＝に相違ない	①〜반드시 〜마련이다 ②〜임에 틀림없다	①勝つに決まっている。 ②あれは嘘に違いない。 あれは嘘に相違ない。
〜ずにはおかない 〜ないではおかない (＝必ず/絶対に〜する)	반드시 〜하다	今度いたずらをしたら、罰を与えずにはおかないぞ。
〜に先立(ち)って	〜에 앞장서	出発に先立ち、忘れ物はないか、各自点検してほしい。
①〜にかかわる ②〜に(も)かかわらず	①〜에 관계된 ②〜에(임에도) 관계없이	①命にかかわることだ。 ②出世にかかわらず行動する。
〜につけ〜につけ	〜때나 〜때나	寒いにつけ暑いにつけ故郷がしのばれる。
①〜につき ②〜について(は) ③〜についての ④〜に対し(て)(も) ⑤〜にとって (は)(も)(の) ⑥〜に応じて 〜に応じ〈た〉	①〜때문에 ②〜에 관하여 / 〜대한 ③〜당 / 〜마다 / 〜대해서는 ④〜에 대해서〈도〉〈는〉 ⑤〜에 있어서(는)(도)(입장) ⑥〜에 따라서	①病気につき欠席します。 ②その事件について考えている。 ③環境アセスメントについての説明会を要求した。 ④お客さんに対してもっと親切に接してね。 ⑤あなたにとってそれが問題です。 ⑥収入に応じて税金が課される。
〜に過ぎない	〜에 불과하다	彼は第三者に過ぎない。

～に沿(そ)って	～에 따라	政府(せいふ)の方針(ほうしん)に沿って決(き)める。
①～にせよ ②～にしても ③～にしては ④～にしろ ⑤～にして 〈=であって,も〉	①～라고 해도 ②～도 역시, ～하든 ③～치고는 ④～들 / ～도 / ～든 ⑤～에게도, ～로서도	①議長(ぎちょう)は私(わたし)がやるにせよ書記(しょき)は誰(だれ)がやるの。 ②本当(ほんとう)にしても嘘(うそ)にしても、実物(じつぶつ)を見(み)てからにしよう。 ③彼(かれ)は留学生(りゅうがくせい)にしては日本語(にほんご)が下手(へた)だ。 ④高(たか)いにしろ安(やす)いにしろ、必要(ひつよう)な物(もの)は買(か)わざるを得(え)ない。 ⑤彼(かれ)にして初(はじ)めてできたことです。
①～によれば ②～に渡(わた)る(って) ③～によると ④～によって 　～により 　～による ⑤～によっては ⑥～に至(いた)る(まで) 　～に至って(は) 　(も) 　～の至り	①～에 의하면 ②～에 걸치다(걸쳐서) ③～에 의하면 ④～에 의해 / 의한 ⑤～에 따라서는 ⑥～에 이르다(기까지) 　～에 이르러(서는)(서도) 　다시없는～	①彼(かれ)の説明(せつめい)によれば日本語(にほんご)は易(やさ)しいです。 ②5日間(にちかん)に渡って行(おこな)われた会議(かいぎ)。 ③天気予報(てんきよほう)によると明日(あした)は雨(あめ)が降(ふ)るそうです。 ④習慣(しゅうかん)は国(くに)によって違(ちが)う。 ⑤人(ひと)によっては、反対(はんたい)するかもしれない。 ⑥A銀行(ぎんこう)が倒産(とうさん)するに至って、人々(ひとびと)は事態(じたい)の深刻(しんこく)さに気(き)づいた。
①～に基(もと)づく(いて) ②～をもとに(して)	①～에 근거(기초)하는 ②～을 근거로(하여)	①憲法(けんぽう)に基づいた行動(こうどう)。 ②かびをもとにして作(つく)られた薬(くすり)は多(おお)くある。
～だの	①열거 ～든 ～든 ②열거 ～느니 ～느니	②暑(あつ)いだの寒(さむ)いだのと不平(ふへい)を言(い)う。
～に反(はん)する(して)	～에 반한(해서)	予想(よそう)に反した結果(けっか)。
～に伴(ともな)う(って)	～에 따라(～따른)	医学(いがく)の進歩(しんぽ)に伴って人々(ひとびと)の平均寿命(へいきんじゅみょう)も延(の)びてきた。
～もかまわず	～도 아랑곳하지 않고	父(ちち)もかまわず煙草(たばこ)を吸(す)う。
①向(む)けに ②向け(だ)の ③向きだ	①～을 위해 ②～용 ③～에 적합하다	①子供(こども)向けに絵本(えほん)を書(か)いた。 ②子供向けの本(ほん)。 ③これは子供向きだ。
①～における ②～においては(も) ③～にかたくない 　=むずかしくない	①～에 있어서의 ②～에 있어서는(도) 　〈시간〉 ③～하기에 어렵지 않다	①法廷(ほうてい)における証言(しょうげん)。 ②過去(かこ)においては普通(ふつう)のことであった。 ③あの国(くに)の現在(げんざい)の孤立(こりつ)と苦境(くきょう)は、理解(りかい)するに難(かた)くないよ。
동사의 ます형+～ ようがない=원형+ すべがない	～할 수〈방법〉가 없다	何(なん)とも言(い)いようがない。 連絡(れんらく)を取(と)るすべがないんです。

～やら ～やら	①열거 ～랑 ～랑, ～과 ～과 ②불확실 무언가 (불확실-の+やら) ③～일지 아닐지 (=～かどうか)	①本やら鉛筆やらありました。 ②何やら分からない事だらけだ。 ③来るのやら来ないのやら分からない。
①ものだ 〈반〉ものではない ②～ものがある ③た+ものだ ④もので/ものだから ⑤ものを =～のに ⑥～ものか 　=～もんか ⑦～ものなら ⑧～ものの ⑨～をものともせず	①～인 법이다(당연) ～인 것은 아니다 ②～하는 점이 있다 ③～하곤 했다(회상) ④～하기 때문에(므로) ⑤～할 것을(후회)~련만 ⑥～할까보냐 ⑦～이라면 ⑧～이지만 ⑨～을 아랑곳하지 않고	①父の話は聞くものだ。 ②この絵には人を引き付けるものがある。 ③昔はよく行ったものだ。 ④遅れたものだから。 ⑤早くすればいいものを、ぐずぐずしている。 ⑥君なぞに負けるもんか。 ⑦行けるものなら行ってみたい。 ⑧立春とはいうもののまだ寒い。 ⑨国民の批判をものともせず、改革を進めていく。
～のようだ(に/な) (子)=如く(き/し)	①～와 같다〈싶다〉 ②～처럼 ③～같은 ④～인 것 같은 / ～같이	①今ご飯を食べているようだ。 ②課長のごとく振舞う。 ③彼のごとき天才は、そう多くはいない。 ④もう結婚十年か、「光陰、矢のごとし」とはよく言ったものだ。
미연+(よ)うではないか	～해야 하지 않을까	早く行こうではないか。
～ねば (=ずば=なければ) ～ねばならぬ (ならない) ～ずばなるまい	～하지 않으면 ～해야 할	さあさあ買った買った今買わねば損だよ。
동사의 ます형에 접속 ①～かけの ②～かける	①～하다 만 ②～하기 시작하다	①食べかけのバナナ。 ②読みかけた本。
①～に限る ②～に限りに ③～に限って ④～に限らず ⑤～かぎりでは ⑥限り(は) 　～ない限り(は)	①～이 제일이다 ②～를 끝으로 　=を最後に ③～에 한해서 ④～뿐만 아니라 ⑤～한 바로는 ⑥～한 　～하지 않는 한	①金剛山は秋に限る。 ②彼は今回を限りに、二度と遅刻しないだろう。 ③彼に限って間違いはないだろう。 ④秋に限らず冬にも見られる。 ⑤私の知るかぎりでは彼はまだ独身だ。 ⑥仕事があるかぎりは帰らない。 　謝らないかぎり許さない。

문형	의미	예문
~おそれがある	~할 우려가 있다	水害のおそれがある。
~ようじゃないか	~해 보자!	そんなにおいしいなら一度食べてみようじゃないか。
~半面(反面)	~하는 반면/ ~일면	収入が増える半面、自由時間は減るだろう。
~かねて	진작부터 / 전부터	それはかねてから申し上げておりますとおりです。
ます형+かねない	~할지도 모른다	嘘を言いかねない。
~にはあたらない	~할 것까지는〈필요가〉없다	驚くにはあたらない。
~には及ばない	~할 것까지는〈필요가〉없다	謝るには及ばない。
~ずにはいられない(자기 감정을 억제하지 못함)	~하지 않을 수 없다 안절부절	食べずにはいられない。
~(の)ついでに ~がてら ~かたがた	~을 하는 김에/~겸	町に出たついでに買物をする。 遊びがてら訪ねてくれ。 散歩かたがた買物する。
①~うとしたら ②~とすれば	①~-려고 한다면 ②~라고 하면	①寝ようとしたら電話がかかってきた。 ②そうだとすれば君が悪い。
~ないことはない	~하지 않는 것은 아니다	ボシンタンを食べられないことはない。
~にこたえて	~에 부응하여	社会の要求に答えて慎重に決めた。
何事につけても	~어떠한 일에 관련해서도	何事につけても「石の上にも三年」だよ。
①べし 　べく＝べき 　＝~しようとって 　＝~するために ②べからず ③べきではない	①~하기 위해/~하려고 ②~해서는 안 된다 ③~해서는 안 된다	①状況を報告するべく一筆する。 　食べるべし！ ②部屋に入るべからず。 ③今家へ行くべきではない。
だって~もの(もん)	그렇지만 ~한 걸요	だってお金がないんだもの。
~〈의지う〉＋ものなら	~하게 되면	父に口答えしようものなら怒鳴られるぞ。

～ごと	①～마다 ②～째	①月ごとの行事。(월례행사) ②りんごを皮ごと食べる。 　かばんごと要らない。
～を巡(る)って	～을 둘러싸고	遺産を巡って争う。 その事件をめぐってさまざまなうわさが流れた。
～目	～째	一番目です。
～ごろ	～경, 쯤, 무렵, 시기 ＝ころ	二時ごろ会いましょう。 見ごろは満開の時です。
～付き	①～붙은, ～딸린 ②～생김	①お風呂付きのアパートです。 ②顔つきはいいですね。
ます形+にくい	～하기 어려운 ↔ ～やすい ～하기 쉬운	ウイスキーは飲みにくいです。 ビールは飲みやすいです。
～ぶり	①시간경과(오랜만에) ②＝ふり ～모습, ～모양 ～척	①久し振りに会いました。 ②寝たふりをしました。
一回り	(크기, 용적) 한층더	あなたは一回り大きく見える。
～ら	①～들, ～등	①こどもら。
～なんて	①～같은 ②～이라니(=なんか 따위, 등)	①私はお金なんてありませんよ。 ②一つで1,000円もするなんて驚きました。
～とも	다합쳐 / 모두	よかった、よかった。二人とも無事だった。
～おきに	～걸러〈일정기간〉	一日おきに学校へ行く。

3 종조사(終助詞)

ね	①동감 /확인 ②감동	①今日は寒いですね。 오늘은 춥군요. ②ねえ、おいしいでしょう。 봐요, 맛있죠?
よ	인식 / 알려 줌	私はこのごろ暇ですよ。 저는 요즘 한가합니다.
わ	주장 / 감탄	私は行かないわ。 나는 안 갈래. あるわ、あるわ、沢山ある。 있다, 있어, 많이 있어.
の	의문 / 부드러운 단정	どうするの。誰にあげたの。 어떻게 할 건데? / 누구한테 줄 거야! それでいいの。 그거면 됐어.
こと	①감탄 /의문 /권유 ②여성 전용 감탄사 ③명령 ~할 것	①大変な人出だこと。 엄청난 나들이 인파구나! ②まあ、美しいこと。 어머, 예뻐라! ③一緒に行かないこと。 함께 가지 말 것. 今日中に仕上げること。 오늘 중으로 마무리 할 것.
もの	여성 전용어/ 불만표출	私、寂しいんですもの。 저 쓸쓸한 걸요.
さ	감탄/ 강조(~란 말야!)	あれは私の家さ。 저건 내 집이란 말야.
ぞ	강조 ~하자	さあ、行くぞ。 자, 가자.
か	①의문/ 질문/ 의뢰 ②확인/ 비난 ③감탄 ④손아래(친밀감) ~냐 　~니	①新村はどこですか。 신촌은 어디입니까? ②きみ、分かったか。 너, 알았지? ③もう、春か。 벌써 봄인가? ④もう見たかい。 벌써 봤나?
な	①연체형에 붙어 금지 　~하지마 ②부드러운 명령 ~해라 ③감탄 ~네	①これは食べるな。 이건 먹지 마라. ②これ食べな。 이거 먹어라. ③やあーきれいだな(あ)。 야~ 예쁜걸!
かしら	불확실성에 대한 의문 ~일까	今日も仕事に行くかしら。 오늘도 일하러 갈까?
ぜ	①주의 환기/ 다짐 ②~하네/ ~할테다	①じゃ後は頼むぜ。 자, 뒤를 부탁하네. ②おれが先やって見るぜ。 내가 먼저 해 볼게.
とも	~고 말고	ええ、いいとも。 응, 좋고 말고. その本借りてもいいとも。 그 책 빌려도 좋고 말고.
って	①~대요 　=원형+そうだ ②~라고 ③뭐라고요 ④~말라니까	①金さん、仕事を辞めるんだって。 김 씨, 일을 그만둔대. ②金さんはご飯を食べたって聞いた。 　김 씨는 밥을 먹었다고 들었다. ③何だって。 뭐라고? ④勉強するなって。 공부하지 말라니까.

や	①~하세 ②~야	①早く行こうや。 빨리 가세나. ②春子や。 하루코야!
だっけ	과거+つけ (명사+だっけ) ①~이었지 ②~이었던가	①よく遊んだっけ。 자주 놀곤 했었지. ②いつでしたっけ。 언제였죠?

4 축약형

3급	では〈축약〉→ じゃ(=じゃあ)	じゃあ行きましょう。
3급	~ている〈축약↓〉 → ~てる/~てます/~てない/~てた	コーヒーを飲んでる。 → ~でます/でない/でた
3급	①원형+のだ〈축약〉→ んだ → んです ②명사/형용동사 + なのだ→ なんだ → なんです	①今日は寒いんです。 ②リンゴが好きなんです。
3급	~ておく〈축약〉→ ~とく =~でおく　　→ ~どく	鉛筆を買っとくなよ。
3급	~てしまう〈축약〉→ ちゃう→ ちゃった (=じゃう=じゃった)	彼女は行っちゃった。
3급	すみません → すいません	あの、すいません。
3급	원형 + そうだ → って	新村で結婚するんだって。
3급	あなた → あんた / わたし → あたし	あんたどこへ行くの。
3급	分からないこと → 分からんこと	あんた分からん事言うな。
3급	~ているんでしょう → ~てんでしょ (=~てんでしょっ)	今ご飯を食べてんでしょっ。
3급	명사 + と言ったら → ったら	車ったら小さいのが一番です。
3급	~なくては → ~なくっちゃ	勉強しなくっちゃいけないんです。
3급	もの → もん	これは食べる物じゃない。
3급	원형 + ~ために(は) = ~には	病気を治すために、治療を続けている。
3급	見られる → 見れる	あなたといっしょに映画を見れる。
3급	これは → こりゃ	こりゃ大変だ。
3급	いらっしゃい → らっしゃい	らっしゃい! (주로 가게 사람이)
3급	それは → そら	そら大変だ。

3급	やはり (=やっぱり) → やっぱ	やっぱだめだな。
3급	いけない (=駄目(だめ)だ) (=いかん) <関西弁> (=あかんで)	あかんで。
3급	いいじゃないの (=ええやないの) <関西弁>	ええやないの。
3급	ほんとう (=ほんま<かい>) <関西弁>	ほんま。
3급	なにかしらないが (=なんやしらんが) <関西弁>	なんやしらんが元気(げんき)がないな。
3급	だから (=やから) <関西弁>	暇(ひま)やから日記(にっき)でも書(か)こう。
3급	やっているんだ (=やっとるんや) <関西弁>	今やっとるんや。
3급	いいの (=ええねん) <関西弁>	それならええねん。

속담 및 관용구와 조동사 활용

우리 속담과 유사합니다. 비교하면서 재미있게 외우세요.

1 속담 및 관용구 ※2급 시험에 2~3문제가 항상 출제되고 있습니다.

1. 足を洗う	어떤 일에서 손을 떼다
2. 顔が広い	발이 넓다
3. 後の祭り	소 잃고 외양간 고치기
4. 息を飲む	바짝 긴장하다
5. 石の上にも三年	참고 견디면 복이 온다
6. いちを聞いて十を知る	하나를 보면 열을 안다
7. 言わぬが花	말하지 않는 편이 낫다
8. 雨後の筍	우후죽순
9. 飼い犬に手を噛まれる	믿는 도끼에 발등 찍힌다
10. 気がする	느낌이 들다, 생각이 들다
11. 気が付く	제 정신이 들다
12. 気に入る	마음에 들다
13. 気になる	걱정이 되다, ~할 생각이 나다
14. 気にする	신경 쓰다, 걱정하다
15. 気を使う	신경을 쓰다, 배려하다
16. 気を付ける	조심하다, 주의하다
17. 口に合う	입에 맞다
18. 首にする	해고하다
19. 歳月人を待たず	시간은 사람을 기다리지 않는다
20. テコ入れをする	~를 지원하다
21. 手も足も出ない	속수무책이다
22. 水に流す	지난 일을 모두 잊어버리다
23. 身に付ける	몸에 익히다
24. 元も子もない	이자도 본전도 다 날리다

2 조동사 활용

1) 분석: のませたくなかったそうです。 마시게 하고 싶지 않았다고 합니다.

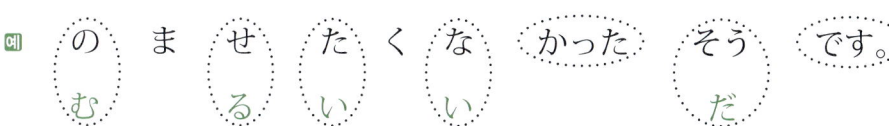

2) 조동사를 찾는 방법

문장의 끝에서 조동사를 하나하나 공략한다.
조동사를 찾아 앞에서부터 해석을 한다.

❶ 飲ませたくなかったそうです。 마시게 하고 싶지 않았다고 합니다.

❷ 飲ませたくなさそうです。 마시게 하고 싶지 않은 것 같습니다.

❸ 行かせたり来させたりしました。 가게 하기도 하고 오게 하기도 했습니다.

❹ 行きたくなかったそうです。 가고 싶지 않았다고 합니다.

❺ 買いたがらなかったそうです。 사고 싶어하지 않았다고 합니다.

❻ 飲まずに行ってしまったそうです。 마시지 않고 가 버렸다고 합니다.

❼ 行かせられたり来させられたりしました。 할 수 없이 가기도 하고 오기도 했습니다.

❽ 食べてみたくなさそうです。 먹어 보고 싶지 않은 것 같습니다.

❾ 食べたり飲んだりしました。 먹기도 하고 마시기도 했습니다.

❿ 勉強せず学校へ行ってしまった。 공부하지 않고 학교에 가 버렸다.

3) 복합동사

동사에 또 다른 동사가 결합하여 새로운 표현을 만들어낸다.

❶ 명사+동사　　예　物＋語る → 物語(이야기)

❷ 동사+동사　　예　思う＋出す → 思い出す(생각해 내다)

❸ 형용사+동사　예　近(い)＋付く → 近付く(접근하다)

❹ 접두어+동사　예　さ＋迷う → さ迷う(헤매다)

❺ 형용사+접미어　예　寒(い)＋がる → 寒がる(추워하다)

❻ 명사+접미어　예　大人＋びる → 大人びる(어른스러워지다, 점잖아지다)

필수 동사 250개

あ행	해석			う행	해석	お행	해석	降ろす	내리게 하다
有る・在る	있다	当たる	맞다/대하다	歌う	노래하다	教える	가르치다	驚く	놀라다
会う	만나다			売る	팔다	踊る	춤추다	居る	있다〈겸양〉
歩く	걷다	い행	해석	売れる	팔리다	思う	생각하다	陥る	빠져들다
洗う	씻다	居る	있다	伺う	방문하다	置く	두다	起こる	발생하다
誤る	실수하다	行く	가다	生む	낳다	送る	부내다	奢る	한턱내다
遊ぶ	놀다	入れる	넣다	動く	움직이다	泳ぐ	수영하다	及ぶ	이르다
開く	열리다	言う	말하다	受ける	(시험)치르다	終わる	끝나다	覚える	기억하다
開ける	열다	頂く	받다	打つ	치다	終える	끝내다		
上がる	올라가다	急ぐ	서두르다	失う	잃다	落ちる	떨어지다		
上げる	올리다	致す	하다	え행	해석	落とす	떨어뜨리다		
集まる	모이다	生かす	살리다	選ぶ	선택하다	起きる	일어나다		
集める	모으다	生きる	생존하다			起こす	일으키다		
遊ばす	놀게하다					降りる	내리다		

か행	해석	借りる	빌리다	構う	상관 있다	く행	해석	蹴る	차다
書く	쓰다	掛かる	걸리다	隠す	숨기다	来る	오다		
買う	사다	掛ける	걸다	き행	해석	くださる	주시다	こ행	해석
限る	한정하다	乾く	마르다	聞く	듣다/묻다	くれる	(남이)주다	困る	곤란하다
被る	(모자)쓰다	通う	다니다	決まる	정해지다	比べる	비교하다	越える	넘다
畏まる	황공해하다	勝つ	이기다	決める	정하다	曇る	흐리다	込む	붐비다
貸す	빌려주다	返す	반환하다	消える	사라지다	砕ける	깨지다	ござる	있다〈존경〉
変わる	바뀌다	頑張る	힘내다	着る	입다	け행	해석		
帰る	돌아가다	語る	이야기하다	聞こえる	들리다	消す	지우다		

さ행	해석	し행	해석	叱る	야단치다	す행	해석	座る	앉다
差し上げる	드리다	死ぬ	죽다	喋る	수다떨다	する	하다	空く	비다
栄える	번영하다	しまう	해 버리다	支払う	지불하다	吸う	피우다	滑る	미끄러지다
探す	찾다	知る	알다	茂る	무성하다	住む	살다	捨てる	버리다
咲く	피다	閉まる	닫히다	湿る	습기차다	進む	진행되다		
指す	가리키다	閉める	닫다	沈む	가라앉다	進める	진행하다	せ행	해석
		調べる	조사하다			過ぎる	지나가다	(さ)せる	하게 하다

た행	해석	足す	더하다	つ행	해석	連れる	데리고 가다	と행	해석
食べる	먹다	訪ねる	방문하다	釣る	낚다	て행	해석	取る	취하다
建てる	세우다	試す	시험하다	作る	만들다	です	입니다	通る	통하다
～たがる	～하고 싶어하다	例える	예를 들다	疲れる	피곤하다	できる	할 수 있다	止まる	멈추다
堪る	참다	炊く	밥을 짓다	付ける	붙이다	出る	나오다	止める	세우다
倒れる	쓰러지다	頼る	의지하다	使う	사용하다	出す	내다	飛ぶ	날다
倒す	넘어뜨리다	ち행	해석	着く	도착하다	照る	비추다	溶ける	녹다
立つ	서다	違う	다르다	勤める	근무하다	手伝う	도와주다		
経つ	경과하다	散る	흩어지다	積もる	쌓이다				

な행	해석	流す	흐르게 하다	に행	해석	ね행	해석	乗る	타다
なる	되다	流れる	흐르다	似る	닮다	寝る	자다	登る	오르다
泣く	울다	治る	치료되다	握る	잡다, 쥐다	眠る	잠들다	残る	남다
なさる	하시다	慣れる	익숙해지다	ぬ행	해석			残す	남기다
並べる	진열하다	無くす	없애다	盗む	훔치다	の행	해석	延びる	연장하다
並ぶ	진열되다	習う	배우다			飲む	마시다		

は행	해석	離れる	떨어지다	晴れる	맑다	ふ행	해석	へ행	해석
話す	이야기하다	始まる	시작되다			降る	내리다	減る	줄다
払う	지불하다	始める	시작하다	ひ행	해석	増える	증가하다	減らす	줄이다
張る	붙이다	走る	달리다	拾う	줍다	吹く	불다	ほ행	해석
入る	들어가다	履く	신다	引っ越す	이사하다	踏む	밟다	誉める	칭찬하다
働く	일하다	はめる	끼다	引く	빼다			細める	가늘게 하다

ま행	해석	参る	가다/오다〈겸사말〉	み행	해석	む행	해석	も행	해석
～ます	～입니다	混じる	섞이다	見る	보다	向かう	향하다	もらう	받다
待つ	기다리다	負ける	지다	見つかる	발견되다	向く	향하다	持つ	가지다/들다
回る	돌다	守る	지키다	見つける	발견하다	迎える	맞이하다	申す	말하다
曲がる	구부러지다	任せる	맡기다	見える	보이다	結ぶ	묶다	戻る	되돌아가다
間違う	틀리다	学ぶ	배우다	見せる	보여 주다				

や행	해석	やる	하다/주다	よ행	해석	わ행	해석	分かる	이해하다
休む	쉬다	焼ける	불타다	呼ぶ	부르다	割れる	깨지다	渡る	건너다
辞める	그만두다	ゆ행	해석	依る・因る	의하다	割る	깨다	別れる	헤어지다
止む	그치다	行く	가다	読む	읽다	笑う	웃다	分ける	나누다

문법 총정리

지금까지 나온 문법을 총정리해 드리겠습니다. 유용하게 사용하세요!

종류	원형	명령	가정	連体形 (명사 붙는 곳)	終止形 (기본형 또는 사전형)	連用形 (연결하여 활용함)	未然形
い형용사	さむい 춥다	×	さむければ	さむい 時(とき) ～때 人(ひと) ～사람 ので ～때문에 のに ～는데 のは ～것은 のも ～것도 のを ～것을 のが ～것이 んです ～입니다 ようだ 　～인 것 같다	さむい と ～면 が ～지만 し ～고 から ～때문에 そうだ 　～라고 한다 けれども ～지만 らしい 　～인 것 같다 みたい 　～인 것 같다 なら ～라면	さむ そうだ ～인 것 같다 くなる ～해지다 くない ～지 않다 くありません ～지 않습니다 くてはいけません 　～서는 안 됩니다 くも/くもありません 　～지도 ～지도 않습니다 くて ～고, ～서 かった ～했다 かったり ～기도 하고 かったら ～라면	さむ かろう (춥다+겠지 → 춥겠지) さむいでしょう (춥겠죠)
な형용사	すき+だ 좋아하다	×	すきなら(ば)	すきな 時(とき) ～때 人(ひと) ～사람 ので ～때문에 のに ～는데 のは ～것은 のも ～것도 のを ～것을 のが ～것이 んです ～입니다 ようだ 　～인 것 같다	すきだ と ～면 が ～지만 し ～고 から ～때문에 そうだ 　～라고 한다 けれども ～지만 らしい(×) みたい(×) なら(×)	すき そうだ ～인 것 같다 になる ～하게 되다 で(は)ない ～지 않다 ではありません+でした 　～지 않습니다 になってはいけません 　～해져서는 안 됩니다 でも/でもありません 　～지도 ～지도 않습니다 らしい ～인 것 같다 みたい ～인 것 같다 なら ～라면 で ～고, ～서 だった ～했다 だったり ～기도 하고 だったら ～했다면	すきだろう (좋겠지) すきでしょう (좋겠죠)

종류	원형	명령	가정	連体形 (명사 붙는 곳)	終止形 (기본형 또는 사전형)	連用形(ます형) (연결하여 활용함)		未然形(ない형)
5단 동사	しぬ 죽다	しね ~해라	しね ば	しぬ	時(とき) ~때 人(ひと) ~사람 ので ~때문에 のに ~는데 のは ~것은 のも ~것도 のを ~것을 のが ~것이 んです ~입니다 ようだ 　~인 것 같다	と ~면 が ~지만 し ~고 から ~때문에 そうだ 　~라고 한다 けれども ~지만 らしい 　~인 것 같다 みたい 　~인 것 같다 なら ~라면 な ~하지마!	しに し	ます ~입니다 たい ~하고 싶다 たがる ~하고 싶어하다 ながら ~하면서 そうだ ~인 것 같다 なさい ~하거라 (ん)でください 　~해 주세요 (ん)だ 　~했다 (ん)だり 　~기도 하고 (ん)だら 　~했다면	む・ぬ・ぶ →(ん) う・つ・る →(っ) く・ぐ→(い) す→(し) 예외) 行く→(っ)	しな	ない ~하지 않다 せる ~하게 하다 れる ~하게 되다 ぬ ~하지 않다 ん ~하지 않다 ず(に) ~하지 않고 ね(ば) ~하지 않으면 しの+う(と思う) ~려고 (생각하다)
상1/하1단 동사	たべる 먹다	たべろ・たべよ ~해라	たべれ ば	たべる	時(とき) 人(ひと) ので のに のは のも のを のが んです ようだ	と が し から そうだ けれども らしい みたい なら な	たべる	ます ~입니다 たい ~하고 싶다 たがる ~하고 싶어하다 ながら ~하면서 そうだ ~인 것 같다 なさい ~하거라 てください ~해 주세요 た ~했다 たり ~기도 하고 たら ~했다면		たべる	ない させる ~하게 하다 られる ~하게 되다 ぬ ん ず(に) ね(ば) よう (と思う) ~려고 생각하다
カ行변격 동사	くる 오다	こい ~해라	くれ ば	くる	時(とき) 人(ひと) ので のに のは のも のを のが んです ようだ	と が し から そうだ けれども らしい みたい なら な	くる	ます ~입니다. たい ~하고 싶다. たがる ~하고 싶어하다. ながら ~하면서 そうだ ~인 것 같다 なさい ~하거라 てください ~해 주세요. た ~했다 たり ~기도 하고 たら ~했다면	くる→き	くる→こ	ない させる ~하게 하다 られる ~하게 되다 ぬ ん ず(に) ね(ば) よう (と思う) ~려고 생각하다
サ行변격 동사	する 하다	しろ・せよ ~해라	すれ ば	する	時(とき) 人(ひと) ので のに のは のも のを のが んです ようだ	と が し から そうだ けれども らしい みたい なら な	する	ます ~입니다 たい ~하고 싶다 たがる ~하고 싶어하다 ながら ~하면서 そうだ ~인 것 같다 なさい ~하거라 てください ~해 주세요 た ~했다 たり ~기도 하고 たら ~했다면	する→し	し→する さ せ	ない よう (と思う) ~려고 (생각하다) せる ~하게 하다 れる ~하게 되다 ぬ ん ず(に) ね(ば)

● 문형연습

회화 잘하는 요령! 비법 공개

1 い형용사

寒い →	① くなる → なります → なりました	☆ ~해지다 → ~해집니다 → ~해졌습니다
	② くないです	☆ ~지 않습니다
	③ くありません + でした	☆ ~지 않았습니다
	④ くてはいけません	☆ ~서는 안 됩니다 (= だめです)
	⑤ くも/~くも + ありません	☆ ~지도 ~지도 않습니다
	⑥ くて	☆ ~고 / ~서
	⑦ かった + です	☆ ~이었습니다
	⑧ かったり + かったりします	☆ ~기도 하고 ~기도 합니다
	⑨ かったら	☆ ~했다면 / ~면 / ~거든

2 な형용사・명사

好きだ → 先生だ →	① になる → なります → なりました	☆ ~해지다 → ~해집니다 → ~해졌습니다
	② ではないです	☆ ~지 않습니다
	③ ではありません+でした	☆ ~지 않았습니다
	④ になってはいけません	☆ ~서는 안 됩니다 (= だめです)
	⑤ でも/~でも+ありません	☆ ~지도 ~지도 않습니다
	⑥ で	☆ ~고 / ~서
	⑦ だった + です = でした	☆ ~이었습니다
	⑧ だったり + だったりします	☆ ~기도 하고 ~기도 합니다
	⑨ だったら	☆ ~했다면 / ~면 / ~거든

3 동사

▶회화를 잘하고 싶은가요? 그렇다면 32개 중에 우선 ☆표 15개를 먼저 외워 보세요.

飲(の)み		
→ます형 접속	① ~ます	☆ ~입니다
	② ~たいです	☆ ~고 싶습니다
	③ ~たがります(たがる)	☆ ~고 싶어합니다
	④ ~ながら	☆ ~하면서
	⑤ ~なさい	~하거라
	⑥ ~そうだ	~것 같다
	⑦ ~にくい+です	~기 어렵습니다 〈불편합니다〉
	⑧ ~やすい+です	~쉽습니다 〈편합니다〉
	⑨ ~に	~하러
	⑩ ~すぎる+ます	너무 ~합니다
	⑪ ~はじめる+ます	~기 시작합니다
	⑫ ~おわる+ます	다 ~합니다

飲(の)んで		
→て형 접속	① ~ください	☆ ~해 주세요
	② ~もいいですか	☆ ~해도 좋습니까?
	③ ~はいけません	☆ ~서는 안 됩니다
	④ ~から	☆ ~하고 나서
	⑤ ~みます(みる)	~해 보겠습니다
	⑥ ~います(いる)	☆ ~하고 있다
	⑦ ~もらう	~해 받다 (= ~가 ~해 주다 〈~が ~てくれる〉)
	⑧ ~あげる	~해 주다 〈내가 남에게〉
	⑨ ~くれる	~해 주다 〈남이 나에게〉
	⑩ ~しまう	~해 버리다
	⑪ ~くる	~하고 오다 / ~해 오다
	⑫ ~おく	~해 두다

飲(の)まない		
주의 → ④⑤는 い생략	① ~でください	☆ ~하지 말아 주세요
	② ~ほうがいいです	☆ ~하지 않는 편이 좋습니다
	③ ~ように気(き)を付(つ)けてください	☆ ~하지 않도록 조심해 주세요
→ない형 접속	④ ~ければなりません	☆ ~하지 않으면 안 됩니다 (~해야 합니다)
	⑤ ~くてもいいです	☆ ~하지 않아도 됩니다
	⑥ ~ことにしました(する)	~하지 않기로 했습니다 〈결심〉
	⑦ ~ことになりました(なる)	~하지 않게 되었습니다 〈확정〉
	⑧ ~でほしいです	~하지 않기를 원합니다 〈소망〉

저자소개

장태봉 건국대학교 경제학과 졸업
일본 京都大学 석사 연구과정 수료(3년)
前 일본 오사카 한국 무역 진흥협회 통역관(2년)
前 신촌 키세스어학원 / 종로 시사일본어학원 대표강사
前 강남 시사일본어학원 1개월 문법 전임강사
그 외 헤버클레스 동영상 강의, 코리아 헤럴드 인터넷 강의,
대한민국 최초 K.T.F 단어암기 컬러링 제공 중

저서 『강의식 일본어문법』(동양문고)
『초스피드 단어암기비법』(코리아 헤럴드)

超 30일 완성 단기 일본어문법

핵심문법, 30일 학습 프로젝트!!

초판 발행	2008년 3월 31일
1판 4쇄	2024년 6월 20일
저자	장태봉
편집	조은형, 김성은, 오은정, 무라야마 토시오
펴낸이	엄태상
콘텐츠 제작	김선웅, 장형진
마케팅	이승욱, 왕성석, 노원준, 조성민, 이선민
경영기획	조성근, 최성훈, 김다미, 최수진, 오희연
물류	정종진, 윤덕현, 신승진, 구윤주
펴낸곳	시사일본어사(시사북스)
주소	서울시 종로구 자하문로 300 시사빌딩
주문 및 교재 문의	1588-1582
팩스	0502-989-9592
홈페이지	www.sisabooks.com
이메일	book_japanese@sisadream.com
등록일자	1977년 12월 24일
등록번호	제 300-2014-31호

ISBN 978-89-402-0751-2 13730

* 이 책의 내용을 사전 허가 없이 전재하거나 복제할 경우 법적인 제재를 받게 됨을 알려 드립니다.
* 잘못된 책은 구입하신 서점에서 교환해 드립니다.
* 정가는 표지에 표시되어 있습니다.